utb 4432

Eine Arbeitsgemeinschaft der Verlage

Böhlau Verlag · Wien · Köln · Weimar
Verlag Barbara Budrich · Opladen · Toronto
facultas · Wien
Wilhelm Fink · Paderborn
A. Francke Verlag · Tübingen
Haupt Verlag · Bern
Verlag Julius Klinkhardt · Bad Heilbrunn
Mohr Siebeck · Tübingen
Ernst Reinhardt Verlag · München
Ferdinand Schöningh · Paderborn
Eugen Ulmer Verlag · Stuttgart
UVK Verlag · München
Vandenhoeck & Ruprecht · Göttingen
Waxmann · Münster · New York
wbv Publikation · Bielefeld

Marcus Deininger
Thomas Kessel

Java
Schritt für Schritt

Arbeitsbuch

2., überarbeitete Auflage

UVK Verlag · München

Prof. Dr. Marcus Deininger ist Professor für Informatik an der Hochschule für Technik Stuttgart.

Prof. Dr. Thomas Kessel ist Studiengangleiter Wirtschaftsinformatik an der Dualen Hochschule Baden-Württemberg in Stuttgart (DHBW) und hält Lehrveranstaltungen in den verschiedensten Bereichen der Wirtschaftsinformatik.

Online-Angebote oder elektronische Ausgaben sind erhältlich unter www.utb-shop.de.

Bibliografische Information der Deutschen Bibliothek

Die Deutsche Bibliothek verzeichnet diese Publikation in der Deutschen Nationalbibliografie; detaillierte bibliografische Daten sind im Internet über <http://dnb.ddb.de> abrufbar.

Einbandgestaltung: Atelier Reichert, Stuttgart
Cover-Illustration: © iStockphoto, da-kuk
Printed in Germany

UVK Verlag
Nymphenburger Strasse 48 · 80335 München
Tel. 089/452174-65
www.uvk.de

Narr Francke Attempto Verlag GmbH & Co. KG
Dischingerweg 5 · 72070 Tübingen
Tel. 07071/9797-0
www.narr.de

UTB-Nr. 4432
ISBN 978-3-8252-5063-8

Vorwort

Java gehört zu den populärsten Programmiersprachen weltweit und wird sowohl in Theorie als auch in der Praxis intensiv eingesetzt. In Firmen wird Java sowohl für große geschäftskritische unternehmensweite Informationssysteme als auch für die Programmierung von technischen Anwendungen verwendet.

In den letzten Jahren wird Java bevorzugt als erste Programmiersprache in Schule, Ausbildung und Studium unterrichtet, da sie auf einfachen, verständlichen und überzeugenden Konzepten aufgebaut ist.

In dem vorliegenden Arbeitsbuch werden Schritt für Schritt die grundlegenden Sprachelemente eingeführt, die Konzepte objektorientierter Programmierung in Java erläutert und die Nutzung relevanter Klassenbibliotheken (z.B. in Datenstrukturen oder bei der Ein- und Ausgabe) vorgestellt.

Zuerst werden die verfügbaren einfachen Datentypen und die Deklaration von Variablen beschrieben. Anschließend werden die Kontrollstrukturen wie z.B. die Sequenz, die Auswahl und die verschiedenen Schleifen eingeführt und an Beispielen erläutert. Abgerundet wird dies durch eine kompakte Darstellung der Felder oder Arrays. Methoden erlauben es bequem Anweisungen zusammenfassen und diese bequem aufzurufen.

Die Diskussion der Konzepte Sichtbarkeit und Gültigkeit, sowie des Geheimnisprinzips und der Zugriffsmodifier bereiten den Einstieg in die objektorientierte Programmierung vor. Die zentralen Begriffe Klassen, Objekte, abstrakte Klassen/Methoden und Schnittstellen stehen im Mittelpunkt und führen zur Vererbung und zum Polymorphismus. Die Frage der Fehlerbehandlung wird später im Kapitel der Exceptions behandelt.

Die Umsetzung der vorhergehenden Konzepte kann sehr schön in den betreffenden Kapiteln über Zeichenketten (Strings), lineare Datenstrukturen (Collections), den Datenströmen (Streams), Datenbanken und der graphischen Benutzeroberfläche anhand von zahlreichen Codebeispielen illustriert, erklärt und eingeübt werden.

Inhaltsübersicht

Inhaltsverzeichnis

Schritt 1:

Einführung in Java

Lernhinweise und Prüfungstipps

Was erwartet mich in diesem Kapitel?

In diesem Kapitel geht es um die Programmiersprache Java, die wichtigsten Begriffe, die Besonderheiten von Java, die üblichen Notationen und Konventionen in Java, die notwendigen Werkzeuge zur Softwareentwicklung, sowie um das erste „Hallo Welt"-Programm in Java.

Welche Schlagwörter lerne ich kennen?

■ Java Software Development Kit (SDK), Java Development Kit (JDK) ■ Java Runtime Environment (JRE) ■ Plattformunabhängigkeit ■ Objektorientierung ■ Einfachheit ■ Netzwerkfähigkeit ■ Sicherheit ■ Offenheit ■ Java Standard Edition (JSE) ■ Java Enterprise Edition (JEE) ■ Java Embedded ■ Integrierte Entwicklungsumgebung (IDE) ■ Eclipse, NetBeans

Wofür benötige ich dieses Wissen?

Dieses Wissen wird benötigt, um (1) die zentralen Java-Begriffe zu verstehen, (2) Java als Programmiersprache (besser) einordnen zu können, (3) die Ausrichtungen der einzelnen Java-Editionen zu erkennen, und (4) die Vorteile der erforderlichen Werkzeuge, wie z.B. die integrierte Entwicklungsumgebung, zu sehen.

Welchen Prüfungstipp kann ich aus diesem Abschnitt ziehen?

In Prüfungen wird häufig gewünscht, die Besonderheiten von Java zu erklären und die einzelnen Java-Begriffe oder -Editionen zu erläutern.

1.1 Historie

Java wurde 1995 von einem Team von Entwicklern um James Gosling und Billy Joy im Auftrag der Firma SUN Microsystems entworfen und umgesetzt. Im Jahr 2010 wurde SUN Microsystems von Oracle übernommen. Im Zug dieser Transaktion wurden auch alle intellektuellen Rechte an Java, z.B. die Patente, Lizenzen und Urheberrechte, an Oracle übertragen.

Die Entwicklung von Java wurde stark durch andere Programmiersprachen, wie z.B. C++ und Smalltalk, beeinflusst. Java selbst hat wiederum zu einer Vielzahl von neuen Programmiersprachen, wie z.B. Groovy, AspectJ, Clojure oder Scala, hervorgebracht, die die zugrundeliegende Architektur, z.B. die virtuelle Java-Maschine, übernehmen oder einzelne Aspekte vertiefen.

Die Weiterentwicklung von Java erfolgt im Rahmen des Java Community Processes (JCP), an dem sich viele renommierte IT-Hersteller, IT-Dienstleister und Softwareunternehmen beteiligen. Trotz der Einbindung anderer Unternehmen bleibt Oracle jedoch die bestimmende Kraft bei der Weiterentwicklung von Java. Vorschläge zu einer neuen Version einer bereits existierenden oder einer innovativen, erstmaligen Technologie werden in Form Java Specification Requests (JSR) definiert, der den jeweils aktuellen Stand der Diskussion definiert (einsehbar auf www.jcp.org). Die daraus resultierenden technischen Spezifikationen der verschiedenen Java-Technologien können auch auf den einschlägigen Webseiten der Firma Oracle eingesehen werden.

1.2 Begriffe

Das Java Software Development Kit (Java SDK oder auch manchmal als JDK bezeichnet) ist die technische Voraussetzung, um in Java programmieren zu können. Es ist über die Webseiten von Oracle für verschiedene Hardware-Plattformen (z.B. Windows, Linux, MacOS) kostenlos verfügbar, es existieren darüber hinaus aber auch noch weitere Implementierungen von anderen Herstellern.

Das **Java SDK** umfasst zum einen den Compiler, der den Java-Quellcode in einen plattformübergreifenden Zwischencode (Bytecode) übersetzt, und zum anderen die **Java**-Laufzeitumgebung (**Java Runtime Environment, JRE**) inklusive der zahlreichen Klassenbibliotheken und dem Interpreter, der den Zwischencode in die jeweilige Zielplattform überführt. **Java Development Kit (JDK)** wird oft synonym zu Java SDK verwendet.

Aus diesem Ansatz ergeben sich zwei wesentliche Vorteile:

- erstens, ein Anwender kann Zwischencode problemlos von einer Hardware-Plattform auf eine andere übertragen, wo er dort dann interpretiert wird, und
- zweitens, ein Hersteller muss für eine neue Hardware-Plattform nur eine entsprechende Java-Laufzeitumgebung bereitstellen, was weit weniger aufwändig ist, als das gesamte Java SDK zu portieren.

Der Quelltext eines Java-Programms könnte prinzipiell zwar mit Hilfe eines Texteditors erstellen werden, aber dies wäre nur wenig sinnvoll, da weitere unterstützende Funktionen, wie z.B. die Ausführung oder das Debugging des Java-Codes, über die Kommandozeile aufgerufen werden müssten. Aus diesem Grund gibt es integrierte Entwicklungsumgebungen („Integrated Development Environments", IDE), wie z.B. Eclipse oder NetBeans, die all diese Funktionalitäten in einer gemeinsamen Benutzeroberfläche bündeln und als kostenlose Versionen verfügbar sind.

1.3 Besonderheiten von Java

Die wesentlichen Differenzierungsfaktoren von Java zum Zeitpunkt seines Entwurfs waren:

- Plattformunabhängigkeit
- Objektorientierung
- Einfachheit
- Netzwerkfähigkeit
- Sicherheit
- Offenheit/Open Source

Plattformunabhängigkeit bedeutet, dass der Java-Quellcode in den Zwischencode übersetzt wird und dann von jeder Java-Laufzeitumgebung, unabhängig von der Betriebssystem-Plattform, ausgeführt werden kann.

Die Java-Laufzeitumgebung ist (immer) eine Voraussetzung für die Ausführung von Java-Programmen und stellt eine Abstraktion von der konkreten Hardware dar. Insbesondere die plattformunabhängige Verfügbarkeit einer grafischen Benutzeroberfläche war ein wichtiges Alleinstellungsmerkmal bei der Markteinführung von Java. Grafische Benutzeroberflächen mit Java werden in Schritt 13 eingeführt.

Objektorientierung basiert darauf, dass Klassen definiert werden, von denen Instanzen oder Objekte erzeugt werden. Das Programm besteht dann in dem Versenden von Nachrichten zwischen den einzelnen Objekten (bzw. dem Aufruf von Methoden laut der Java-Terminologie).

Das Prinzip der Objektorientierung war zum damaligen Zeitpunkt bereits in einigen Programmiersprachen, z.B. Smalltalk, C++ oder Objective-C umgesetzt, aber erst durch Java erlangte die konsequente und durchgängige objektorientierte Programmierung die nötige Verbreitung und Unterstützung.

Typische Mechanismen von objektorientierten Programmiersprachen sind Klassen, die Vererbung und der Polymorphismus.

In Java wird das objektorientierte Paradigma ein wenig abgemildert, wenn es um die einfachen Datentypen geht, die nicht als Klassen implementiert sind. Die Konzepte der objektorientierten Programmierung werden in Schritt 7 betrachtet.

Unter **Einfachheit** versteht man bei einer Programmiersprache, dass die zugrundeliegenden Konstrukte übersichtlich, verständlich und leicht zu erlernen sind, so dass bereits mit wenigen Schlüsselwörtern und -konzepten eine große Ausdrucksfähigkeit erreicht wird.

Die Einfachheit von Java kommt in zwei Aspekten zum Tragen: zum einen orientiert sich die Syntax von Java an C und zum zweiten besteht Java aus einem „Sprachkern“ und Klassenbibliotheken. Das Besondere ist hierbei, dass der Sprachkern nur wenige, grundlegende Sprachkonstrukte und Schlüsselwörter enthält, so dass er leicht erlernbar und verständlich ist. Die Auslagerung vieler Funktionalitäten in die Klassenbibliotheken erlaubt eine große Flexibilität und kommt auch dadurch zum Ausdruck, dass es drei Versionen (Standard, Enterprise und Embedded) gibt, die sich in erster Linie aufgrund der Klassenbibliotheken unterscheiden. Der Sprachkern von Java wird in den Schritten 2 bis 4 vorgestellt.

Eine Programmiersprache gilt als **netzwerkfähig**, wenn die grundlegenden Funktionalitäten zum Aufbau und zur Beendigung einer Netzwerkverbindung integriert sind, z.B. über eine entsprechende Standard-Klassenbibliothek.

Die Netzwerkfähigkeit war von Anfang an in Java integriert und motivierte deshalb den Einsatz von Java in verteilten Anwendungen und bei der sich damals erst entwickelnden Web-Programmierung. Aufbauend auf diesen grundlegenden Features entwickelte sich sehr schnell die Java Enterprise Edition (JEE), die insbesondere für verteilte Systeme und große, geschäftskritische Anwendungen in Unternehmen ausgelegt ist.

Aufgrund der einfachen Erweiterbarkeit von Java kamen in den vergangenen Jahren immer mehr Klassen und Funktionen zur Netzwerkprogrammierung hinzu, die einfach in die bisherigen Klassenbibliotheken integriert oder in separate ausgelagert werden konnten.

Die **Sicherheit** einer Programmiersprache hängt von unterschiedlichen Aspekten ab: von einer zuverlässigen Speicherverwaltung, über die Typprüfung aller Variablen bis hin zu einer konsequenten Fehlerbehandlung, der Validierung des erzeugten Codes oder die eventuellen Einschränkungen bei der Ausführung der Java-Anwendung.

Zahlreiche Sicherheitsmechanismen sind von vorneherein in Java eingebunden. Das automatische Speichermanagement erlaubt es, nicht mehr benötigte Speicherbereiche nach Gebrauch wieder frei zu geben und so „memory leaks" zu vermeiden. Memory leaks sind Speicherbereiche, die für die Nutzung eines Programms reserviert sind, die aber anschließend nicht mehr frei gegeben werden.

Alle Variablen müssen deklariert, typisiert und initialisiert werden, bevor sie verwendet werden dürfen. Dies reduziert deutlich die Gefahr von falschen oder unvollständigen Werten.

Die integrierte Fehlerbehandlung dank der Exceptions erlaubt es, auch auf Störungen des Programmablaufs zur Laufzeit entsprechend zu reagieren und diese sogar ggf. zu beheben. Die Ausnahmebehandlung wird in Schritt 11 diskutiert.

Die Sicherheit beschränkt sich dabei nicht nur auf die Programmierung, sondern sie kann sich insbesondere auf die Ausführung des Java-Codes erstrecken. Zur Abwehr von Schadsoftware kann überprüft werden, ob der Code selbst verändert wurde, oder es können sogar Sicherheitsregeln definiert werden, die die Ausführungs- und Zugriffsrechte der Anwendung einschränken, um so zu verhindern, dass ein potentieller Angreifer weitergehende Rechte erwirbt.

Als **Offenheit** wird die Veröffentlichung aller relevanten Schnittstellen, Formate und Technologien bezeichnet.

Unter **Open Source** versteht man in der Regel, dass der Quellcode öffentlich verfügbar gemacht wird, unter einer entsprechenden offenen Lizenz steht, also z.B. verändert, kopiert und weitergegeben werden kann, und sich eine Community, eventuell in Partnerschaft mit kommerziellen Firmen, um die Weiterentwicklung kümmert.

Ein Großteil der Java-Technologien wurden unter Open Source-Lizenzen gestellt und steht somit den Entwicklern zur Verfügung. Außerdem wurden die betreffenden Spezifikationen und Schnittstellen ebenfalls dokumentiert, so dass diese von Dritten implementiert oder problemlos genutzt werden können. Java ist also nicht primär ein Produkt, sondern die technische Spezifikation einer Technologie, die dann von Herstellern umgesetzt werden kann.

Neben den obigen technologischen Gründen, gab es aber auch zahlreiche wirtschaftliche Gründe für den Erfolg Javas. Die Plattformunabhängigkeit hat z.B. zur Konsequenz, dass sich die Kosten für die Entwicklung, den Test und die Wartung von Java-Programmen (im Vergleich zu den herkömmlichen Programmiersprachen) erheblich reduzierten. Software-Anbieter müssen so nämlich nur noch eine Version programmieren, statt für jede Plattform jeweils eine unterschiedliche Version zu entwickeln.

Im Lauf der Zeit entstand um Java ein Ökosystem von Werkzeuganbietern, Dienstleistern, Entwicklern usw., die sich so gegenseitig unterstützten und gemeinsam ein enormes Know-how aufbauen konnten. Insbesondere dank der Vielfalt von Entwicklungswerkzeugen und -umgebungen wurde die Weiterentwicklung von Java deutlich beschleunigt.

Es gibt drei Editionen von Java, die unterschiedliche Ziele verfolgen und sich im Wesentlichen durch die Klassenbibliotheken unterscheiden:

- Java Standard Edition (JSE): bietet grundlegende Funktionalitäten (inkl. grafischer Benutzeroberfläche, Datenbank, Netzwerk, Dateisystem usw.) an.
- Java Enterprise Edition (JEE): ausgelegt für die Entwicklung unternehmenskritischer Anwendungen, es basiert auf der JSE und erweitert diese um weitere Technologien z.B. für verteilte Komponenten, Web-/Internet-Programmierung.
- Java Embedded: angepasst für den Einsatz in eingebetteten Systemen.

Außerdem gibt es noch diverse Anpassungen von Java für den Einsatz in mobilen Systemen (z.B. in Android).

Entsprechend existieren auch verschiedene Kategorien von Java- Anwendungen, d.h. für die Editionen gibt es auch einen zugehörigen Anwendungstyp:

- Klassische Desktop-Anwendung: sie ist in der Regel für den Stand-alone-Betrieb auf einem PC konzipiert und bietet dem Benutzer eine grafische Benutzeroberfläche an.
- Unternehmensanwendung: mittels eines Clients (z.B. ein Browser) wird über das Netzwerk auf einen Applikationsserver zugegriffen, auf dem verschiedene Technologien, wie z.B. Java Servlets, Java Server Pages, Enterprise Java Beans, laufen. Eine Unternehmensanwendung zeichnet sich weiterhin

dadurch aus, dass sie eine Datenbank und mehrere verteilte Komponenten besitzt, sowie für eine größere Zahl von Benutzern ausgelegt ist.

- Eingebettete Anwendung: sie läuft innerhalb des umgebenden technischen Systems ab und ist in der Regel für die Außenwelt bzw. für den Benutzer nicht oder nur teilweise sichtbar
- Mobile App: Web-Anwendungen können für die mobile Plattform angepasst und als hybride Applikation ausgeliefert werden oder sie werden direkt in Java, für das passende mobile Gerät geschrieben.

1.4 Konventionen und Notationen

Im Laufe der Zeit haben sich gewisse Notationen und Konventionen für die Java-Programmierung entwickelt, die auch hier angewendet werden.

Im Folgenden geht es um drei Aspekte:

- Die Darstellung von Java-Code im vorliegenden Buch:
  - Programmcode wird in der Schriftart `Consolas` dargestellt.
  - Schlüsselwörter werden **fett** dargestellt.
  - Platzhalter für konkrete Namen, Schlüsselwörter oder Codeteile werden *kursiv* dargestellt.
  - Mehrfache Wiederholungen werden durch einen Stern * am Ende dargestellt.
  - Optionen werden durch eckige Klammern [ ] dargestellt.
  - Alternativen werden durch einen Strich | abgetrennt.
  - Analoge Fortsetzungen oder Auslassungen werden durch ... dargestellt.
- Die üblichen Konventionen für die Benennung von Variablen, Methoden und Klassen in Java:
  - Die Bezeichnung einer Klasse beginnt mit einem Großbuchstaben.
  - Die Namen einer Variablen und einer Methode beginnen mit einem Kleinbuchstaben.
  - Die Bezeichner dürfen nicht mit einer Ziffer starten und dürfen keine Sonder- und Leerzeichen enthalten.
  - Der Name einer Konstante wird vollständig in Großbuchstaben geschrieben.
  - Bei zusammengesetzten Benennungen beginnt jedes Wort mit einem Großbuchstaben.
- Weitergehende Standards zur Formatierung von Java Code und Systematik bei der Benennung von Bezeichnern:

- Hierzu gibt es eine Vielzahl von Konzepten. Die daraus resultierenden Richtlinien sind in Form von Coding Style Guides oder Lehrbüchern dokumentiert und können mittlerweile teilweise durch spezifische Werkzeuge automatisch überprüft werden.

1.5 Das erste Java-Programm

In diesem Abschnitt geht es darum, die ersten Schritte in Java zu unternehmen. Dabei sollten zunächst die folgenden Hinweise beachtet werden[1]:

- Das Erlernen einer Programmiersprache erfordert auch praktische Übungen und Aufgaben, die gelöst werden müssen, vergleichbar dem Vorgehen beim Lernen einer Fremdsprache, einer Sportart oder eines Musikinstruments.
- Für die Ausführung des folgenden Programms sind das Java SDK und eine integrierte Entwicklungsumgebung – z.B. Eclipse oder NetBeans – eine Voraussetzung, deshalb sollte man sich zuerst mit der Nutzung der Entwicklungsumgebung vertraut machen.

Das Vorgehen zur Erstellung des Java-Programms bei Nutzung einer Entwicklungsumgebung[2] sieht prinzipiell wie folgt aus:

[1] Anlegen eines Java-Projekts.

[2] Erzeugung einer Java-Klassendatei → Eintragung des Klassennamens und die Generierung der main-Methode.

[3] Editieren der Java-Klasse.

[4] Übersetzen der Klasse.

[5] Ausführen der Klasse.

Das zentrale Element von Java ist die Klasse. Eine Klasse hat die Form `public class` *`Klassenname`* `{` *`Anweisungen`* `}` und muss in einer Datei gleichen Namens mit der Endung `.java` abgelegt sein. Dies bedeutet zum Beispiel, dass die Klasse `HalloWelt` in der gleichnamigen Datei `HalloWelt.java` gespeichert sein muss.

Die Methode, mit der ein Java-Programm gestartet wird, ist die Methode namens `main`, die immer die Form `public static void main(String[] args)` haben muss.

---

1 Alle in diesem Buch erwähnten Listings und Dateien sind auf den Webseiten des Verlags unter uvk-lucius.de/schritt-fuer-schritt zum Download verfügbar.

2 Die Erstellung des Java-Programms ist prinzipiell auch mit einem Texteditor möglich. In diesem Fall müssen alle Dateien des Projekts manuell erzeugt werden.

Ein einfaches Java-Programm, das den Text „Hallo Welt“ am Bildschirm ausgibt, hat die folgende Form:

```
public class HalloWelt { ①
    public static void main(String[] args) { ②
        System.out.println("Hallo Welt");  ③
    }
}
```

Listing 1: `HalloWelt`-Programm

[1] Die Klasse `HalloWelt` wird definiert.

[2] Die Methode `main` wird festgelegt, eventuelle Eingaben werden als Parameter `args` in ein Array übernommen.

[3] Der Text „Hallo Welt“ wird auf der Standardausgabe, d.h. dem Bildschirm ausgegeben.

Die folgenden Schritte werden zur Ausführung des Programms durchgeführt:

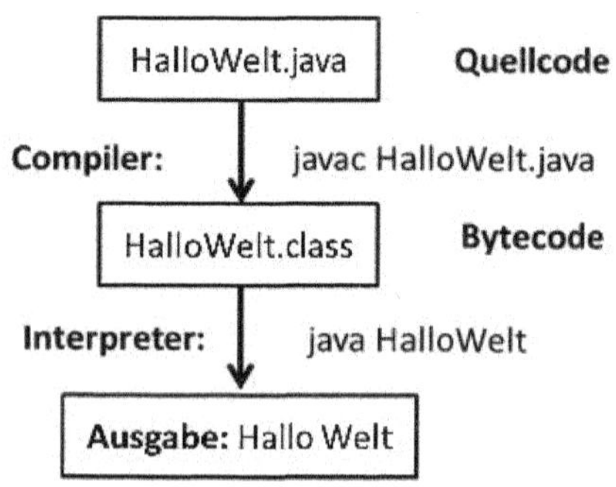

Abb. 1: Übersetzung und Ausführung des Quellcodes von HalloWelt. java

Der Quellcode liegt in der Datei HalloWelt.java vor. Er wird durch den Befehl `javac HalloWelt.java` (der den Compiler des Java SDKs aufruft) in den Bytecode `HalloWelt.class` übersetzt. Diese ist dann auf allen Plattformen lauffähig ist, auf denen eine JRE verfügbar ist.

Anschließend wird der Bytecode interpretiert, ausgeführt und die Ausgabe „Hallo Welt“ erscheint als Resultat auf dem Bildschirm. In einer IDE werden diese Schritte innerhalb der Entwicklungsumgebung durchgeführt.

1.6 Fragen

Die Lösungen befinden sich am Ende des Buchs.

Was ist das Java SDK?

☐ Java-Klassenbibliothek
☐ Software zur Entwicklung von Java-Programmen
☐ Grafische Entwicklungsumgebung

Was ist die JRE und was ist ihre Aufgabe?

☐ Java Compiler
☐ Java Interpreter
☐ Laufzeitumgebung, die Java-Anwendungen ausführt
☐ führt Java-Bytecode aus
☐ erzeugt Java-Bytecode

Was ist die JSE?

☐ Java Standard Edition
☐ Java Super Edition
☐ Java-Version für einen einzelnen Rechner
☐ Java-Version für verteilte Systeme im Unternehmen

Was sind typische Java-Konventionen?

☐ Variablennamen beginnen mit Zahlen
☐ Klassen beginnen mit Großbuchstaben
☐ Variablennamen beginnen mit Kleinbuchstaben
☐ Bezeichner müssen immer sinnvoll und lang sein

Was ist der Java-Bytecode?

☐ Java-Quelltext
☐ Zwischencode, der aus dem Quelltext übersetzt wurde
☐ nativer Code, der in die Zielsprache übersetzt wurde

Was sind Besonderheiten von Java?

- ☐ Komplexität
- ☐ Plattformunabhängigkeit
- ☐ Netzwerkfähigkeit
- ☐ Objektorientierung

Wie muss die Datei zur entsprechenden Java-Klasse heißen?

- ☐ Dateiname = Klassenname.java
- ☐ keine Einschränkungen, muss aber nur mit .java enden

Schritt 2:

Variablen, Datentypen, Operatoren

Lernhinweise und Prüfungstipps

Was erwartet mich in diesem Kapitel?

In diesem Kapitel geht es um Variablen, Datentypen und Operatoren und wie diese deklariert und verwendet werden.

Welche Schlagwörter lerne ich kennen?

■ Variable ■ Datentyp ■ Operator ■ Deklaration ■ Initialisierung ■ Wertzuweisung ■ Konvertierung von Datentypen

Wofür benötige ich dieses Wissen?

Variablen speichern Werte zur weiteren Verarbeitung. Datentypen definieren die Wertebereiche einer Variablen und die möglichen Operationen, so dass die Gültigkeit der Werte geprüft werden kann. Operatoren erlauben beispielsweise die Veränderung einer Variablen oder die Berechnung eines neuen Wertes durch die Verknüpfung von Variablen oder Werten.

Welchen Prüfungstipp kann ich aus diesem Abschnitt ziehen?

In Prüfungen wird häufig nach (1) der Deklaration und Initialisierung von Variablen, (2) den verschiedenen Datentypen und Operatoren und (3) der Konvertierung von Datentypen gefragt. Im Rahmen von Aufgaben müssen die Variablen deklariert und initialisiert sowie Operatoren benutzt werden.

2.1 Datentypen

Datentypen stellen die grundlegenden (Daten-)Bausteine einer Programmiersprache dar, denn es können nur die Werte und Daten gespeichert und verarbeitet werden, für die es auch entsprechende Datentypen gibt.

Ein Datentyp beschreibt eine Reihe von ähnlichen Werten und die darauf agierenden Operationen, z.B. die ganzen Zahlen von -128 bis 127 (`byte`), alle Zeichen des Zeichensatzes (`char`) oder die booleschen Werte `true` und `false` (`boolean`), sowie die entsprechenden Operationen (arithmetische für die Zahlen und logische für die booleschen Werte).

Ein Datentyp definiert die Art der Daten, die verfügbaren Operationen und den möglichen Wertebereich der Variable; dies bedeutet, dass die Variable nur Werte innerhalb dieses Spektrums annehmen kann.

Man unterscheidet in Java zwei Kategorien von Datentypen: einfache Datentypen und Referenztypen.

Einfache Datentypen, wie `byte, short, int, long, float, double, char` oder `boolean`, zeichnen sich dadurch aus, dass sie direkt den Wert enthalten.

Referenztypen, die z.B. durch ein Array oder eine Klasse definiert werden, enthalten den Verweis auf eine Speicherstelle, wo eine komplexe Datenstruktur vorliegt, die sich aus mehreren einfachen Datentypen oder Referenztypen zusammensetzt.[3]

Einfache Datentypen haben einen fest vorgegebenen Speicherplatz. Sie sind in Java vordefiniert und können auch nicht ergänzt werden.

Es gibt die folgenden einfachen Datentypen:

---

[3] Im Gegensatz zu C oder C++ erlaubt Java keinen direkten Zugriff auf Speicheradressen – nur Zuweisungen und Test auf Identität sind möglich. Damit umgeht Java eine große Fehlerquelle.

Datentyp	Datenart	Wertebereiche	Operationen
byte	ganze Zahlen	-128 ... +127	Mathematische Operationen: +, -, *, /, % (Divisionsrest), ...
short		-32768 ... +32767	
int		-2^{31} ... $+2^{31}-1$	
long		-2^{63} ... $+2^{63}-1$	
float	Fließkommazahlen	$-3.4*10^{38}$ ... $+3.4*10^{38}$	Mathematische Operationen: +, -, *, /, ...
double		$-1.7*10^{308}$ ... $+1.7*10^{308}$	
char	Zeichen	Alle Unicode-Zeichen	Mathematische Operationen, da Buchstaben intern als Zahlen codiert sind
boolean	logische Werte (wahr, falsch)	true, false	Logische Operationen && (und), || (oder), ! (nicht)

Tab. 1: Einfache Datentypen in Java

Die Datentypen `byte` bis `long` beschreiben ganze Zahlen, `float` und `double` Gleitkommazahlen, während `char` ein Zeichen und `boolean` die (booleschen) Werte `true` und `false` beschreibt.

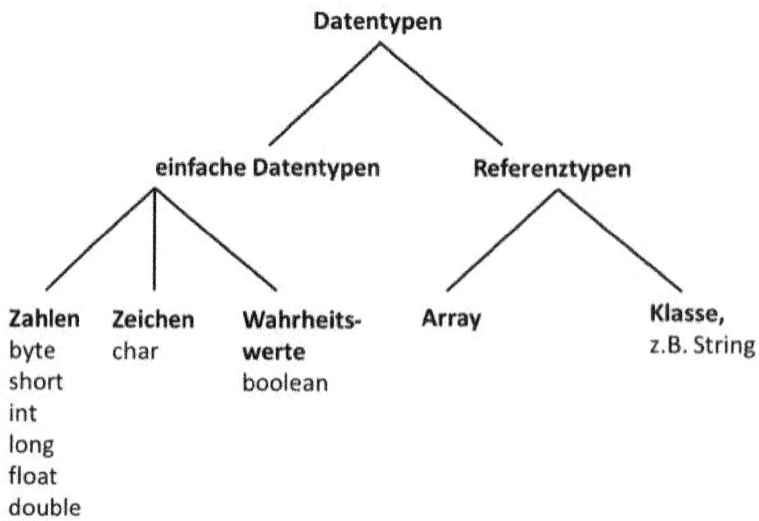

Abb. 2: Übersicht der Datentypen

Die einfachen Datentypen sind durch die Java-Sprachdefinition vorgegeben und können nicht erweitert werden. Die Referenztypen sind durch die Klassenbibliotheken teilweise vorgegeben, ein Programmierer kann aber auch eigene Referenztypen über die Einführung von Klassen definieren und verwenden. Der Datentyp für Zeichenketten heißt z.B. `String` und ist ein Referenztyp, d.h. er bezeichnet eine existierende Java-Klasse.

> Eine **Variable** wird deklariert durch einen Datentyp und initialisiert durch eine Wertzuweisung. Eine **Wertzuweisung** erfolgt durch den Operator = , wobei die Variable links und der Wert rechts davon steht.

Variablen benötigen für eine gültige Deklaration einen Datentyp, erst dann kann anschließend die Wertzuweisung erfolgen. Die erste Wertzuweisung heißt Initialisierung und ist bei lokalen Variablen vor der Verwendung zwingend erforderlich.

Die Kombination von Datentyp und Variable ist nicht nur bei lokalen Variablen, sondern auch bei der Definition von Parametern einer Methode und der Deklaration von Klassen- oder Instanzvariablen anzutreffen.

Eine Variable kann mit einem Behälter verglichen werden, in dem genau ein Wert eines bestimmten Datentyps abgelegt wird. Variablen erlauben es, Daten im Hauptspeicher eines Programms abzulegen, zu lesen oder zu verändern. Dank des Namens kann auf den Wert direkt zugegriffen werden.

Die Deklaration einer Variablen erfolgt in der Form:

`Datentyp Variablenname;`

Die Wertzuweisung geschieht durch den Zuweisungsoperator = gefolgt von dem entsprechenden Wert, also wie folgt:

`Variablenname = Wert;`

Im folgenden Beispiel beginnen alle Variablen mit Kleinbuchstaben, dies entspricht der allgemeinen Java-Konvention.

```
int a = 5;            (1)
int b = 10;           (2)
int summe = a + b;    (3)
```

Listing 2: Berechnung der Summe aus zweien Variablen

[1] Die Variable `a` wird deklariert und mit dem Wert 5 initialisiert.

[2] Die Variable `b` wird deklariert und mit dem Wert 10 initialisiert.

[3] Anschließend wird die Summe vom Wert der beiden Variablen berechnet. Die Berechnungsvorschrift ist aber unabhängig vom Wert der Variablen formuliert.

Im Listing oben sind `a` und `b` lokale Variablen, die in einem Anweisungsblock definiert werden. Solche Variablen müssen immer erst initalisiert werden, bevor sie verwendet werden. Diese Regel wurde deshalb eingeführt, um sicherzustellen, dass eine Variable immer einen definierten Wert hat.

Eine Besonderheit sind symbolische Konstanten, die sich syntaktisch von Variablen dadurch unterscheiden, dass das Schlüsselwort `final` vorangestellt wird und der Wert nach der ersten Zuweisung (während der Laufzeit des Programms) nicht mehr geändert werden kann. Konvention ist, diese Konstanten vollständig groß zu schreiben.

Bei der Nutzung von Gleitkommazahlen muss aber beachtet werden, dass Java automatisch als Standardvermutung annimmt, dass alle Gleitkommazahlen vom Datentyp `double` sind, außer wenn sie explizit als `float`-Datentyp gekennzeichnet sind. Dies geschieht durch ein nachgestelltes f oder F an die entsprechende Zahl, z.B. 3.3f oder 9.9F sind (Gleitkomma-)Zahlen vom Typ `float`. Analog muss eine ganze Zahl durch ein nachgestelltes l oder L als zum Datentyp `long` zugehörig gekennzeichnet werden. Ansonsten wird die ganze Zahl als `int` bewertet. Zeichen (`char`) werden durch das Zeichen selbst, umschlossen von einfachen Hochkommas (`'`), dargestellt.

Beispiele für die Deklaration und die Initialisierung von Variablen finden sich im anschließenden Listing:

```
int i;                      1
i = 10;                     2
double x = 3.14;            3
char c = 'A';               4
boolean b = true;           5
final double PI = 3.14;     6
```

Listing 3: Deklaration und Initialisierung von Variablen

[1] Die Variable i wird für den Datentyp `int`, d.h. als ganze Zahl, deklariert.

[2] Der Variablen i wird der Wert 10 zugewiesen.

[3] Die Variable x wird als `double` deklariert, d.h. als Gleitkommazahl, und mit dem Wert 3.14 initialisiert.

[4] Die Variable c wird als `char`, d.h. als Zeichen, deklariert.

[5] Der booleschen Variable b wird direkt der Wert `true` zugewiesen.

[6] Die Konstante PI wird mit dem Wert 3.14 initialisiert.

- In den bisherigen Fällen wurden den Variablen nur korrekte Werte zugewiesen, d.h. die Werte sind alle mit den Datentypen der Variablen kompatibel gewesen. Die Typisierung der Daten wurde aber eingeführt, um falsche Zuweisungen von Werten zu erkennen und konsequenterweise zu verhindern.
- Bei Wertzuweisungen können zwei Aspekte überprüft werden: (1) ist der Wert vom selben Datentyp wie die Variable und (2) liegt der Wert innerhalb des erlaubten Bereichs des Datentyps.
- Zum Beispiel kann einer Variablen vom Datentyp byte kein boolescher Wert (z.B. `true` oder `false`) oder eine Gleitkommazahl zugewiesen werden, denn die Variable erlaubt nur ganze Zahlen.

Mögliche problematische Fälle bei Wertzuweisungen (die vom Compiler zurückgewiesen würden) finden sich im folgenden Code:

```
byte d = true;   1
byte d = 300;    2
float y = 3.14;  3
char c = 99;     4
final double PI = 3.14; PI = 2.2;  5
```

Listing 4: Fehlerhafte Wertzuweisungen bei Variablen

[1] Einer Variablen vom Datentyp `byte`, d.h. von der Datenart der ganzen Zahlen, darf keiner boolescher Wert, d.h. `true`, zugewiesen werden.

[2] Der Wertebereich einer Variablen vom Datentyp `byte` ist von -128 bis +127 beschränkt, deshalb ist die Zuweisung der Zahl 300 nicht möglich.

[3] Die Gleitkommazahl 3.14 müsste als `float` gekennzeichnet werden, indem ein f oder F nachgestellt wird.

[4] Einer Variablen vom Datentyp `char` darf keine Zahl zugewiesen werden.

[5] Der Wert einer Konstante darf zur Laufzeit nicht verändert werden.

Die Datentypen für Zahlen können, wie in Abbildung 3 dargestellt, in einer aufsteigenden Reihenfolge, vom kleinsten zum größten Wertebereich, angeordnet werden:

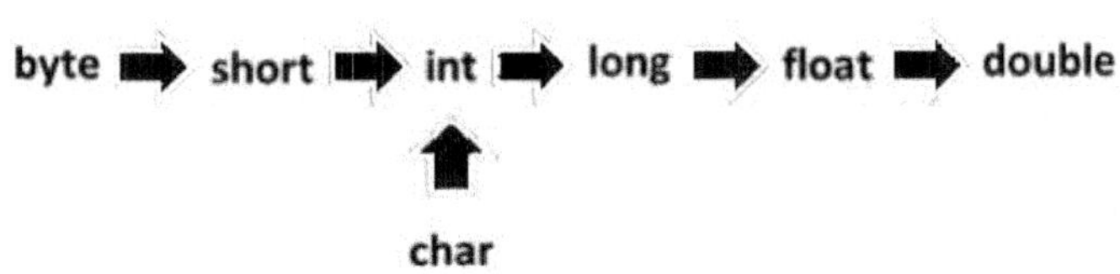

Abb. 3: Typvergrößerung bei einfachen Datentypen

Der Datentyp char erscheint a priori nicht zu in dieses Schema zu passen, aber da er direkt in int umgewandelt werden kann, kann er als „Seiteneinsteiger" platziert werden.

Bei der Konvertierung von Datentypen können prinzipiell zwei Fälle unterschieden werden:

- Typvergrößerung: von einem kleinen zu einem großen Datentyp
- Typverkleinerung: von einem großen zu einem kleinen Datentyp

Konvertierungen (1) von oder zu boolean hin und (2) zwischen einfachen Datentypen und Referenztypen sind nicht möglich.

Der erste Fall, die Typvergrößerung, kann automatisch von der JVM vorgenommen werden, ohne dass der Programmierer eingreifen muss, denn hier geht keine Informationen verloren und jeder Wert kann problemlos von dem größeren Datentyp dargestellt und verarbeitet werden.

```
byte d = 111;     1
int i = d ;       2
float y = 3.14F;  3
double z = y ;    4
char c = 'A';     5
int j = c;        6
```

Listing 5: Typvergrößerung bei Variablen

[1], [2] Es erfolgt eine Vergrößerung vom Datentyp byte zu int.

[3], [4] Hier wird von float auf double erweitert.

[5], [6] Die Vergrößerung findet von char auf int statt.

Der zweite Fall, die Typverkleinerung, kann zu einem Informationsverlust führen, wenn zum Beispiel eine Gleitkommazahl in eine ganze Zahl überführt wird oder eine Zahl außerhalb des darstellbaren Wertbereichs des kleineren Datentyps liegt. Aus diesem Grund wird eine explizite Bestätigung des Programmierers durch einen sogenannten „cast" eingefordert. Die Syntax sieht wie folgt aus:

Variable_1 = (Datentyp) Variable_2

Dies bedeutet, dass der Wert von *Variable_2* explizit in den Datentyp von *Variable_1* konvertiert wird.

```
double z = 3.14;  ❶
int j = (int) z;  ❷
```

Listing 6: Typverkleinerung bei einer Variablen

[1], [2] Der Wert 3.14 wird von `double` in `int` überführt, so dass der Wert 3.14 seine Nachkommastellen (.14) verliert und j nur noch den Wert 3 enthält.

2.2 Operatoren

Die Operatoren lassen sich in die folgenden wesentlichen Kategorien einteilen:

- Inkrement/Dekrement (++, --)
- arithmetische Operatoren (+, -, *, /, %)
- Zuweisungsoperatoren (=, +=, -=, *=, /=, %=)
- logische Operatoren (&, &&, |, ||, !)
- Vergleiche (==, !=, <=, >=)

Inkrement/Dekrement

Bezeichnung	Symbol	Beispiel	Erläuterung
Präinkrement	++	`++i`	`i = i + 1, i` wird zuerst erhöht und danach wird `i` evaluiert
Postinkrement	++	`i++`	`i = i + 1, i` wird evaluiert und erst danach wird `i` erhöht
Prädekrement	--	`--i`	`i = i - 1, i` wird zuerst reduziert und danach wird `i` evaluiert
Postdekrement	--	`i--`	`i = i - 1, i` wird evaluiert und danach wird `i` reduziert

Tab. 2: Inkrement/Dekrement in Java

Falls `++i` oder `i++` in einer Schleife oder allein stehend auftauchen, dann führt die Verwendung des Prä- oder Postinkrements zu keinem Unterschied.

Der Unterschied zwischen Prä- und Postinkrement ist subtil und wird durch die folgenden Anweisungen deutlich.

```
int a, b, c, s;
a = 1; b = 2; c = 2;
s = a + (b++); ❶
s = a + (++c); ❷
```

Listing 7: Unterschiedliches Verhalten bei Prä- und Postinkrement

[1] s ist gleich 3, da sich s als Summe von a und b++ ergibt, wobei b mit dem Wert 2 in die Summe eingeht und erst danach (auf 3) erhöht wird.

[2] Hier ist s gleich 4, da c zuerst (auf 3) erhöht wird und dieser Wert auch in der Summe berücksichtig wird.

Arithmetische Operatoren

Bezeichnung	**Symbol**	**Beispiel**	**Erläuterung**
Addition	+	a+b	Summe von a und b
Subtraktion	-	a-b	Differenz von a und b
Multiplikation	*	a*b	Produkt von a und b
Division	/	a/b	Quotient von a und b
Restwert	%	a%b	a modulo b

Tab. 3: Arithmetische Operatoren in Java

Der Restwertoperator berechnet den „ganzzahligen Rest", der bei der Modulo-Berechnung anfällt. Z.B.: der Ausdruck 9 % 2 ergibt 1, da 9 : 2 = 4 Rest 1 ist.

Zuweisungsoperatoren

Bezeichnung	**Symbol**	**Beispiel**	**Erläuterung**
(einfache) Zuweisung[4]	=	a=5	der Variablen a wird der Wert 5 zugewiesen
Additionszuweisung	+=	a+=b	entspricht a = a + b
Subtraktionszuweisung	-=	a-=b	entspricht a = a - b
Multiplikationszuweisung	*=	a*=b	entspricht a = a * b

[4] Nur für C-Programmierer ist es natürlich, dass der Zuweisungsoperator durch ein einfaches Gleichheitszeichen (=) und der Gleichheitstest durch ein doppeltes Gleichheitszeichen (==) umgesetzt sind, deshalb führt dies leicht zu Verwechslungen.

Divisionszuweisung	/=	a/=b	entspricht a = a / b
Modulozuweisung	%=	a%=b	entspricht a = a % b

Tab. 4: Zuweisungsoperatoren in Java

Die oben aufgeführten Additions-, Subtraktions-, Multiplikations- und Divisionszuweisungen kombinieren jeweils den entsprechenden arithmetischen Operator mit dem einfachen Zuweisungsoperator.

Logische Operatoren

Bezeichnung	**Symbol**	**Beispiel**	**Erläuterung**
logisches UND	&	a & b	wahr, falls a **und** b wahr sind – es werden alle Teile des Ausdrucks ausgewertet.
„Kurzschluss"-UND	&&	a && b	wahr, falls a **und** b wahr sind – Evaluierung bricht ab, wenn a falsch ist.
logisches ODER	|	a | b	wahr, falls a **oder** b wahr sind – es werden alle Teile des Ausdrucks ausgewertet.
„Kurzschluss"-ODER	||	a || b	wahr, falls a **oder** b wahr sind – Evaluierung bricht ab, wenn a wahr ist.
Negation	!	!a	wahr, falls a falsch ist

Tab. 5: Logische Operatoren in Java

Die Operatoren für die logischen Funktion UND, ODER oder NICHT sind klar (und selbsterklärend). Die Kurzschlussoperatoren sind effizient, denn sie nutzen die Reihenfolge und die Wahrheitswerte der Operanden bei der von links nach rechts gehenden Berechnung aus. Falls sich bei `a && b` herausstellt, dass a `false` ist, dann muss b nicht mehr berücksichtigt werden, da das Endergebnis schon false ist. Umgekehrt muss bei `a || b`, b nicht berücksichtigt werden, wenn a `true` ist, denn dann ist das Ergebnis auch `true`.

Relationale Vergleichsoperatoren

Bezeichnung	Symbol	Beispiel	Erläuterung
gleich	`==`	`a == b`	Test, ob a gleich b ist
ungleich	`!=`	`a != b`	Test, ob a ungleich b ist
kleiner	`<`	`a < b`	Test, ob a kleiner als b ist
größer	`>`	`a > b`	Test, ob a größer als b ist
kleiner-gleich	`>=`	`a <= b`	Test, ob a kleiner oder gleich b ist
größer-gleich	`<=`	`a >= b`	Test, ob a größer oder gleich b ist

Tab. 6: Relationale Operatoren in Java

Alle relationalen Vergleichsoperatoren benötigen zwei Operanden, d.h. zwei Werte, und sie liefern einen booleschen Rückgabewert. Außer booleschen Werten können alle anderen einfachen Typen (auch gemischt) auf größer oder kleiner geprüft werden. Bei Zeichen wird bei dem Vergleich dabei der zugrunde liegende Code verwendet (siehe Schritt 11).

2.3 Fragen

Die Lösungen befinden sich am Ende des Buchs.

Was wird durch den Datentyp festgelegt?

- ☐ Daten und der Typ
- ☐ Operationen
- ☐ Datenart und der Wertebereich
- ☐ Datenart
- ☐ Wertebereich

Wie wird syntaktisch eine Variable deklariert?

- ☐ `Variablenname Datentyp;`
- ☐ `Datentyp;`
- ☐ `Variablenname;`
- ☐ `Datentyp Variablenname;`

Was ist die Initialisierung einer Variablen?

- ☐ erstmalige Wertzuweisung
- ☐ eine Wertzuweisung
- ☐ eine Festlegung des Datentyps der Variablen

Worin unterscheidet sich eine Konstante von einer Variablen?

- ☐ gar nicht
- ☐ der Wert der Konstante ist unveränderlich
- ☐ eine Konstante ist auf die Datenart Zahlen beschränkt

Was ist die Funktion einer Variable?

- ☐ Daten zu definieren
- ☐ Behälter für Daten zu sein
- ☐ den Zugriff auf Daten eines Programms zu erlauben
- ☐ einen Wert unverändert zu lassen

Was ist eine Typvergrößerung?

- ☐ eine Konvertierung in einen anderen Datentyp
- ☐ eine Konvertierung in einen kleineren Datentyp
- ☐ eine Konvertierung in einen größeren Datentyp

Was ist Casting?

- ☐ Verfahren zur Typverkleinerung
- ☐ Verfahren zur Typvergrößerung

Schritt 3:

Kontrollstrukturen

Lernhinweise und Prüfungstipps

Was erwartet mich in diesem Kapitel?

Kontrollstrukturen sind die Konstrukte einer Programmiersprache, die den Programmablauf beschreiben; sie verbinden und steuern dabei die einzelnen Anweisungen. Sequenz, Iteration und Auswahl sind die typischen Kontrollstrukturen. Zudem geht es auch um den Aufbau einfacher Anweisungen.

Welche Schlagwörter lerne ich kennen?

■ Iteration ■ Sequenz ■ Auswahl ■ for-Schleife ■ while-Schleife ■ if-else ■ switch-case ■ einfache Anweisung ■ leere Anweisung ■ Block

Wofür benötige ich dieses Wissen?

Selbst kleine Java-Programme benötigen in der Regel alle drei Kontrollstrukturen, denn sie sind die Basis für jegliche Programmierung.

Welchen Prüfungstipp kann ich aus diesem Abschnitt ziehen?

Die Beherrschung der Kontrollstrukturen ist die Voraussetzung, um Java-Anwendungen schreiben zu können. Die wichtigsten Konstrukte sind dabei die `for`- und die `while`-Schleife sowie die `if-else`-Auswahl.

3.1 Anweisungen

Im vorliegenden Kapitel geht es zum einen darum, wie aus den einzelnen Operatoren komplexere Anweisungen gebildet werden und wie der Ablauf des Programms gestaltet werden kann.

Die zentralen Begriffe sind hierbei die *Anweisungen* und die *Kontrollstrukturen*, d.h. sie sind die grundlegenden Sprachelemente, um die Berechnungen durchzuführen und den Verlauf des Programms zu steuern.

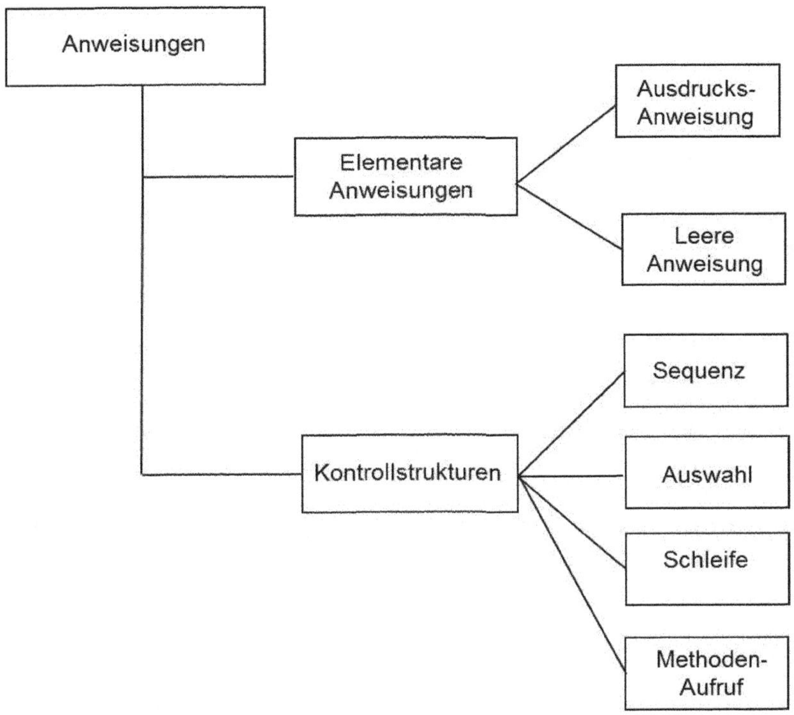

Abb. 4: Übersicht der Anweisungen und Kontrollstrukturen

Der obigen Übersicht kann man entnehmen, dass sich die elementaren Anweisungen aus den Ausdrucksanweisungen und den leeren Anweisungen zusammensetzen. Während die leere Anweisung trivial ist (sie besteht in Java nur aus dem Semikolon), ist die Ausdrucksanweisung („expression") in der Regel eine Kombination von Variablen und den in Schritt 2 erläuterten Operatoren sowie Methodenaufrufen mit Rückgabewerten (siehe Schritt 5).

Diese Ausdrucks-Anweisungen können aus einem arithmetischen, relationalen, logischen, Inkrement-, Dekrement-oder Zuweisungsoperator oder einer beliebigen (syntaktischen korrekten) Kombination dieser bestehen.

Typische Beispiele für Ausdrucks-Anweisungen sind:

```
i++
j *=i
u = x && y && z
```

Als **Kontrollstrukturen** bezeichnet man die Sprachelemente einer Programmiersprache, die den Ablauf eines Programms steuern.

In einer Programmiersprache gibt es normalerweise vier Kategorien von Kontrollstrukturen:

- Sequenz
- Iteration
- Auswahl
- Methodenaufruf

Eine **Sequenz** ist die Ausführung von Anweisungen, die nacheinander erfolgen.

Eine **Iteration** (oder Schleife) ist die wiederholte Durchführung von Anweisungen.

Eine **Auswahl** ist die bedingte Verzweigung innerhalb des Programmablaufs.

Ein **Methodenaufruf** ist der Aufruf einer Methode mit aktuell besetzten Parametern (siehe Schritt 5).[5]

In Java werden natürlich alle vier Konstrukte unterstützt, wobei es sowohl für die Schleifen als auch für die Auswahl unterschiedliche Ausprägungen gibt.

3.2 Sequenz

Die Sequenz wird nicht durch eine besondere Anweisung oder ein spezielles Schlüsselwort umgesetzt, sondern einfach dadurch, dass die Anweisungen nach- oder untereinander geschrieben werden. Konsequenterweise werden diese Anweisungen dann genau in dieser Reihenfolge auch ausgeführt. Eine

---

[5] Im Gegensatz zu Methodenaufrufen in Anweisungen sind hier auch Aufrufe ohne Rückgabe möglich – ein evtl. Rückgabeergebnis wird hier ignoriert.

Reihe von Anweisungen wird in der Regel in einem Block zusammengefasst, der durch geschweifte Klammern definiert ist.

Ein einfaches Beispiel wird hier aufgeführt:

```
{
    System.out.println("Dies ist eine Anweisung");          (1)

    System.out.println("Dies ist eine weitere Anweisung");  (2)
}
```

Listing 8: Beispiel zweier sequentieller Anweisungen

Zuerst wird die Zeile [1] und danach die Zeile [2] durchlaufen, da durch den Quellcode eine explizite Reihenfolge festgelegt wurde.

3.3 Auswahl

Für die Auswahl gibt es in Java zwei Alternativen:

- die `if-else`-Verzweigung
- die `switch-case`-Verzweigung

Die **if-else-Verzweigung** basiert auf einer booleschen Bedingung und bietet zwei Äste an: der erste, wenn die Bedingung wahr ist, und der optionale zweite für den sonstigen Fall. Es handelt sich hier also um eine Ein- oder Zweifach-Verzweigung.

Die **switch-case-Verzweigung** ist hingegen als Mehrfach-Verzweigung ausgelegt. Abhängig von einem ganzzahligen Ausgangswert, dem Vergleich mit einem Zeichen oder einem String[6], wird der entsprechende Ast angesprungen. Eine wichtige Besonderheit ist dabei, dass jeder Ast mit einem break-Befehl abgeschlossen werden muss, ansonsten werden die nachfolgenden Äste ebenfalls ausgeführt.

Der syntaktische Aufbau der `if-else`-Verzweigung ist wie folgt:

```
if(Boolesche_Bedingung)
  Anweisung_1;
else
  Anweisung_2;
```

6 Seit der Java Version 7.

Bei der `if-else`-Verzweigung wird geprüft, ob die angegebene boolesche Bedingung logisch wahr oder falsch ist. Wenn die Bedingung wahr ist, wird die `Anweisung_1` ausgeführt, ansonsten wird die `Anweisung_2` ausgeführt. Der `else`-Zweig ist dabei optional und führt, sofern er entfällt, zu einer Einfach-Verzweigung.

Falls mehrere Anweisungen – statt nur einer einzelnen – ausgeführt werden sollten, dann müssten diese in geschweiften Klammern gesetzt werden, so dass ein Block von Javacode entsteht.

```
if(Boolesche_Bedingung){
        Anweisung_11;
        Anweisung_12;
        ...
}else{
        Anweisung_21;
        Anweisung_22;
}
```

Es empfiehlt sich, möglichst diese Variante mit den geschweiften Klammern zu verwenden, so dass eine oder mehrere Anweisungen eingefügt werden können.

Die Mehrfachverzweigung ist an den beiden Schlüsselwörtern `case` und `switch` zu erkennen. Die Syntax der `switch-case`-Abfrage ist:

```
switch(Ausdruck){
  case Alternative_1:
        Anweisung_11; Anweisung_12;…; break;
  case Alternative_2:
        Anweisung_21; Anweisung_22;…; break;
  ...
  default: Anweisungen;
}
```

Der Ausdruck hinter `switch` darf nur vom Typ `char`, `byte`, `short`, `int` oder `String` (seit Java Version 7) sein. Konsequenterweise dürfen die Äste der `switch`-Verzweigung lediglich konstante Werte vom Typ `char`, `byte`, `short`, und `int` sowie vom Typ `String` sein.

Die Anweisungen der `case`-Äste sollten mit `break;` beendet werden (ohne weitere Bedingungsprüfung), da ansonsten die Anweisungsblöcke der nachfolgenden Äste ebenfalls ausgeführt werden.

Der `default`-Zweig ist optional. Er wird ausgeführt, wenn keine der vorherigen Alternativen ausgeführt wurde.

3.4 Schleifen / Wiederholungen

Für die Kategorie der Schleifen (auch „Iterationen" genannt) gibt es drei Ausprägungen:

- die `for`-Schleife: bietet sich insbesondere an, wenn bereits zu Beginn die Anzahl der Durchläufe bekannt ist,
- die `while`-Schleife: eine sog. „Kopf"-Schleife, bei der zuerst vor *Beginn* des Schleifenrumpfes geprüft wird, ob die Bedingung wahr ist und nur in diesem Fall wird der Schleifenrumpf ausgeführt,
- die `do-while`-Schleife: eine sog. „Fuß"-Schleife, denn hier wird erst am *Ende* des Schleifenrumpfs geprüft, ob die Bedingung wahr ist und in diesem Fall wird die Schleife nochmals durchlaufen.

Der prinzipielle Aufbau einer `for`-Schleife sieht wie folgt aus:

```
for(Initialisierung; Bedingung; Update)
  Anweisung;
```

Auch hier empfiehlt es sich den Schleifenrumpf in geschweifte Klammern zu setzen, um so sicherzustellen, dass die Schleife auch mehrere Anweisungen ausführt.

```
for(Initialisierung; Bedingung; Update){
      Anweisung_1;
      Anweisung_2;
      Anweisung_3;
      ...
}
```

Bei der Initialisierung handelt es sich in der Regel um den Schleifenzähler, der ggf. deklariert und auf einen Wert gesetzt wird, um dann in die Bedingung einzufließen. Beim Update wird der Schleifenzähler erhöht oder reduziert.

Wenn die Schleifenbedingung als wahr ausgewertet wird, werden die Anweisungen des Schleifenrumpfs und eine Anpassung des Schleifenzählers (typischerweise eine Erhöhung oder Reduzierung um 1) ausgeführt, im negativen Fall wird jedoch die Schleife verlassen.

Es ist darauf hinzuweisen, dass der Schleifenrumpf nur aus *einer* Anweisung besteht oder ansonsten aus einem *Block* von Anweisungen, definiert durch geschweifte Klammern.

Beispiel für eine `for`-Schleife:

```
          [1]   [2]   [3]
for (int i = 1; i < 5; i++){
    System.out.println("Durchlauf: " + i);  [4]
}
```

Listing 9: Beispiel einer for-Schleife

[1] Der Schleifenzähler i wird deklariert und mit dem Wert 1 belegt.

[2] Vor der Durchführung der Schleife wird geprüft, ob die Bedingung für die Fortsetzung noch gegeben ist (i < 5).

[3] Der Schleifenzähler wird erhöht, nachdem der Schleifenrumpf durchlaufen wurde.

[4] Die Schleife wird ausgeführt und die Ausgabe erfolgt unter Berücksichtigung des aktuellen Stands des Schleifenzählers am Bildschirm.

Eine typische Anwendung der `for`-Schleife ist die Durchwanderung eines Arrays, deshalb gibt es hierfür eine spezielle, erweiterte Variante der `for`-Schleife für Arrays (die sog. `for-each`-Schleife):

```
for (Datentyp Variable : Arrayname[7]){
        Anweisungen;...
}
```

In Kapitel 4 finden sich für beide Varianten der `for`-Schleife zur Array-Durchwanderung Beispiele.

Die `while`- und die `do`-Schleife bieten im Gegensatz zur `for`-Schleife nur die Möglichkeit, die Abbruchbedingung zu prüfen. Eventelle Schleifenparameter und deren jeweilige Änderungen muss ein Programmierer an anderer Stelle (z.B. vor der Schleife und im Rumpf) vorsehen.

Der prinzipielle Aufbau der `while`-Schleife sieht wie folgt aus:

```
while(Boolesche_Bedingung){

Anweisung_1;

Anweisung_2;

...
}
```

---

[7] Statt eines Arrays kann auch eine `Collection` verwendet werden, die auf dem Interface `Collection` basierenden Datenstrukturen werden in Schritt 10 erläutert.

Der Einfachheit halber wird der Schleifenrumpf durch geschweifte Klammern definiert, so dass mehrere Anweisungen ausgeführt werden können.

Analog zur `for`-Schleife testet die `while`-Schleife (als „Kopf-Schleife") *zuerst*, ob die Bedingung erfüllt ist und erst *danach* werden die Anweisung(en) des Schleifenrumpfs ausgeführt.

```
int i = 1;                              1
while (i < 5){                          2
    System.out.println("Durchlauf: " + i);   3
    i++;                                4
}
```

Listing 10: Beispiel einer while-Schleife

[1] Der Schleifenzähler i wird deklariert und mit dem Wert 1 belegt.
[2] Es wird geprüft, ob die Schleifenbedingung (noch) erfüllt ist.
[3] Falls ja, wird im Schleifenrumpf der Text, inklusive des Werts des Schleifenzählers, ausgegeben.
[4] Der Schleifenzähler wird um 1 erhöht.

Im Gegensatz zu den vorhergehenden Schleifen (`for`-Schleife, `while`-Schleife), testet die `do-while`-Schleife erst am Ende, ob die Bedingung zum weiteren Durchlauf der Schleife noch erfüllt ist. Deshalb wird sie auch „Fuß-Schleife" genannt, sie ist syntaktisch wie folgt strukturiert:

```
do
  Anweisung
while(Boolesche_Bedingung)
```

Die `do-while`-Schleife wird mindestens einmal ausgeführt, der Rumpf der `while`-Schleife wird ggfs. gar nicht ausgeführt.

Beispiel für eine `do-while`-Schleife:

```
int i = 1;                              1
do{
    System.out.println("Durchlauf: " + i);   2
    i++;                                3
}while (i < 5);                         4
```

Listing 11: Beispiel einer do-while-Schleife

[1] Der Schleifenzähler i wird deklariert und mit dem Wert 1 belegt.

[2] Ausgabe des Texts, inklusive dem Wert des Schleifenzählers.
[3] Hochzählen des Schleifenzählers.
[4] Letztlich wird geprüft, ob die Schleifenbedingung erfüllt ist.

3.5 Fragen

Die Lösungen befinden sich am Ende des Buchs.

Was ist eine leere Anweisung?

- ☐ Eine leere Anweisung existiert nicht.
- ☐ Semikolon
- ☐ Leerzeichen, abgeschlossen durch ein Semikolon
- ☐ Eine Variable mit dem Wert 0.

Was ist eine Ausdrucksanweisung?

- ☐ Variable
- ☐ Relationale Operatoren
- ☐ Kombination aus Variablen und Operatoren
- ☐ Arithmetische Operatoren

Was sind Kontrollstrukturen?

- ☐ Sprachelemente, die den Programmablauf steuern
- ☐ Schlüsselwörter
- ☐ Sequenz, Iteration, Auswahl, Methoden-Aufruf

Wie ist die Sequenz umgesetzt?

- ☐ durch ein Schlüsselwort
- ☐ durch die Reihenfolge der Anweisungen
- ☐ durch einen Block von Javacode
- ☐ durch Zeilennummer

Welche Konstrukte gibt es für die Auswahl?

- ☐ if-then-else
- ☐ if-else

☐ switch-case
☐ switch

Welche Schleifenversionen gibt es?

☐ die `repeat-until`-Schleife
☐ die `for-next`-Schleife
☐ die `for`-Schleife
☐ die `while`-Schleife
☐ die `do-while`-Schleife
☐ die `loop`-Schleife

Was ist bei der Mehrfachverzweigung switch-case zu beachten?

☐ Die einzelnen Äste sollten mit `break` abgeschlossen werden.
☐ `default` ist optional.
☐ Der Wert nach `case` muss ganzzahlig, ein Zeichen oder ein String sein.
☐ Es müssen immer mindestens 3 Äste vorhanden sein.

Schritt 4:
Felder / Arrays

Lernhinweise und Prüfungstipps

Was erwartet mich in diesem Kapitel?

Ein Array (oder Feld) ist die wichtigste Datenstruktur, um mehrere Daten desselben Typs hintereinander abzuspeichern. Die Deklaration sowie die Initialisierung eines Arrays und der anschließende Zugriff über den Index werden erläutert. Ein Array kann dabei ein- oder mehrdimensional sein.

Welche Schlagwörter lerne ich kennen?

■ Array ■ Feld ■ Zugriff ■ Index, Position ■ eindimensional ■ mehrdimensional

Wofür benötige ich dieses Wissen?

Ein Array wird verwendet, um größere Datenmengen desselben Typs abzuspeichern. Aus diesem Grund sind die Kenntnisse über Arrays für alle Entwickler relevant.

Welchen Prüfungstipp kann ich aus diesem Abschnitt ziehen?

Arrays sind Referenztypen und unterscheiden sich damit von den einfachen Datentypen. Ein Array kann man sich als lange Liste von Werten vorstellen, auf die man über den Index direkt zugreifen kann. Typische Fragen sind, mit welcher Zahl die Nummerierung der Positionen beim Array beginnt und wie der Zugriff auf das Array erfolgt.

4.1 Werte in Arrays anordnen

Ein Array (oder Feld) stellt eine Anordnung von Werten dar, die alle vom selben Datentyp sein müssen und die über einen Index identifiziert werden können. Im einfachsten Fall, einem eindimensionalen Array, ist das Array eine sequentielle Anordnung der Werte. Der Index entspricht dabei der Position des Werts im Array; er beginnt bei 0 und wird in Einerschritten hochgezählt.[8] Das folgende Beispiel erläutert den Aufbau des Arrays. Die Werte sind vom Datentyp `int`.

Index	**0**	**1**	**2**	**3**	**4**
Wert	2	4	6	8	10

Tab. 7: Eindimensionales Array mit 5 Werten

Im Beispiel handelt es sich um die Speicherung der Werte 2, 4, 6, 8 und 10 in den Spalten bzw. Positionen [0], [1], [2], [3] und [4].

Ein zweidimensionales Array ist vergleichbar einer Tabelle bestehend aus Zeilen und Spalten.

Zeile/Spalte	**0**	**1**	**2**	**3**	**4**
0	0	1	2	3	4
1	5	6	7	8	9
2	10	11	12	13	14
3	15	16	17	18	19

Tab. 8: Zweidimensionales Array mit 4×5 Werten

Im vorliegenden Beispiel handelt es sich um die Speicherung der Werte 0 bis 19 in den entsprechenden Positionen [0][0], [0][1], ..., [3][4] verteilt über die 4 Zeilen und 5 Spalten.

Der Zugriff auf die einzelnen Werte eines Arrays erfolgt über deren eindeutige Positionierung, dem Index. Bei einem eindimensionalen Array ist es der Index (oder die Position) innerhalb der linearen Anordnung.

---

8 Dies bedeutet, dass das erste Element den Index 0 hat und das letzte Element immer einen Index hat, der um eins kleiner ist als die Anzahl der Elemente im Array.

Bei einem zweidimensionalen Array sind zwei Indizes notwendig, einer für die Zeile und ein anderer für die Spalte.

Bei einem mehrdimensionalen Array mit n Dimensionen werden folgerichtig n Indizes benötigt, um die eindeutige Position jedes Wertes im Array festzulegen.

Ein **Array** ist eine Anordnung von Werten desselben Datentyps. Der Zugriff erfolgt über die eindeutige **Indizierung** eines Wertes. Bei einem eindimensionalen Array ist es ein Index, bei einem zweidimensionalen Array sind zwei Indizes und bei einem n-dimensionalen Array sind n Indizes notwendig.

Die **Anzahl der Indizes** entspricht also den **Dimensionen des Arrays.**

Ein Array ist (unabhängig von der Dimension) ein Referenztyp, d.h. die Variable eines Arrays enthält nur die Referenz auf den Speicherbereich, in dem die einzelnen Werte des Arrays gespeichert sind.[9] Man unterscheidet zwischen:

- der Arrayvariable, die benannt ist und
- dem Array selbst, das keinen Namen hat.

Die **Deklaration** eines eindimensionalen Arrays ist wie folgt: *Datentyp[] Variablenname*

Die **Initialisierung** des eindimensionalen Arrays erfolgt durch: **new** *Datentyp[Länge]* oder durch eine explizite Aufzählung, z.B. {*Wert_1, Wert_2, ..., Wert_n*}

Üblicherweise wird die Deklaration mit der Initialisierung in einer gemeinsamen Anweisung zusammengefasst:

Datentyp[] Variablenname = **new** *Datentyp [Länge]*;[10]

Bei einem Array der Dimension n müssen die rechteckigen Klammern [ ] (auf beiden Seiten) n-mal aufgeführt werden.

Ein n-dimensionales Array wird deklariert und initialisiert:

Datentyp[] ... [] Variablenname =

new *Datentyp [Länge_1] ... [Länge_n]*;[11]

---

[9] Im Gegensatz dazu enthalten Variablen eines einfachen Datentyps den Wert direkt.

[10] Java erlaubt auch den alternativen syntaktischen Ausdruck *Variablenname[]*, der aber nicht empfohlen wird.

Auf die einzelnen Elemente des Arrays kann über den Index bzw. die Indizes zugegriffen werden. Bei der Verwendung eines Indizes, der über die Grenzen des Arrays hinausgeht, wird eine `IndexOutOfBoundsException`[12] geworfen.

> Der häufigste Fall ist ein eindimensionales Array, bei dem der Zugriff durch einen Index erfolgt, der durch zwei rechteckige Klammern umschlossen wird: `Variablenname[Index]`
>
> Bei einem **n-dimensionalen Array** sind n Indizes erforderlich:
> *`Variablenname [Index_1] ... [Index_n]`*

Wenn ein Array deklariert wird, lässt sich die Größe des Arrays aus der entsprechenden Zahl ablesen. Allerdings gibt es auch Fälle, in denen zum Beispiel ein Array als Parameter übergeben wird und in dem die Größe zur Laufzeit bestimmt werden muss. In diesem Fall kann auf das Attribut `length` eines Arrays zurückgegriffen werden.

> Die Größe eines Arrays kann mit dem Attribut **length** ermittelt werden, in der Form ***`Arrayvariable.length`***. Die Größen eines zweidimensionalen Felds lassen sich durch ***`Array variable.length`*** (erste Dimension) und ***`Arrayvariable[0].length`*** (zweite Dimension) ermitteln.

```
final int ZEILEN = 10;                             1
final int SPALTEN = 20;
int[][] tabelle = new int[ZEILEN][SPALTEN];        2

for(int i = 0; i < tabelle.length; i++) {          3
    for(int k = 0; k < tabelle[i].length; k++){    4
        tabelle[i][k] = i * k;                     5
    }
}
```

Listing 12: Deklaration und Initialisierung eines zweidimensionalen Arrays bestehend aus ganzen Zahlen

[1] Deklaration und Initialisierung der Konstante `ZEILEN` und `SPALTEN`.

[2] Deklaration und Initialisierung eines zweidimensionalen Felds.

[3] Äußere `for`-Schleife, die die Zeilen durchläuft.

---

11 Bei mehreren Dimensionen können die letzten Initialisierungen auch unvollständig sein.

12 Die Aufgabe von Exceptions wird in Kapitel 8 erläutert.

[4] Innere `for`-Schleife, die die Spalten durchläuft – es wird dabei jeweils die Spaltenzahl der aktuellen Zeile ermittelt.

[5] Zuweisung des Produkts aus Zeile und Spalte an den jeweiligen Tabellenwert.

Alternativ kann für Arrays auch die in Kapitel 2 bereits vorgestellte `for-each`-Variante genutzt werden. Dabei werden die einzelnen Elemente des Arrays nacheinander durchlaufen und automatisch einer Variablen zugewiesen (die zum Datentyp des Arrays kompatibel sein muss).

```
int[] feld = {1, 2, 3, 4, 5, 6, 7, 8, 9};        1
for(int n : feld){                               2
    System.out.println("Element: " + n);         3
}
```

Listing 13: Durchwanderung eines Arrays mit der `for-each`-Schleife

[1] Das Array vom Typ `int` wird deklariert und initialisiert durch die explizite Aufzählung aller Elemente.

[2] Die Variable i vom Datentyp `int` wird deklariert und der Bezug zum Array `feld` wird hergestellt.

[3] Im Schleifenrumpf werden automatisch alle Elemente des Arrays (von 0 bis zum Ende des Arrays) durchlaufen der Variable i zugewiesen. Beim ersten Durchlauf enthält n also den Wert des Arrays an der Position 0, beim zweiten Durchlauf den von der Position 1 usw.

4.2 Fragen

Die Lösungen befinden sich am Ende des Buchs.

Was ist ein Array?

☐ Zusammenstellung von Werten

☐ Anordnung von Werten desselben Datentyps

☐ Menge von Werten unterschiedlicher Datentypen

Was gehört zur Festlegung eines Arrays?

☐ der Verwendungszweck

☐ Deklaration

- ☐ Initialisierung
- ☐ die Variablen, die es verwenden

Von welchem Datentyp ist ein Array?

- ☐ Referenztyp
- ☐ einfacher Datentyp
- ☐ hybrider Datentyp

Wie kann man sich ein zweidimensionales Array vorstellen?

- ☐ als Liste
- ☐ als Menge
- ☐ als Tabelle
- ☐ als Matrix

Was ist ein Index?

- ☐ eindeutige Position für den Zugriff auf einen Wert
- ☐ mehrdeutige Position für den Zugriff
- ☐ der Wert, auf den zugegriffen wird
- ☐ bezeichnet sowohl die Position als auch den Wert

Wie kann ein Array initialisiert werden?

- ☐ durch die Deklaration der Variablen
- ☐ durch den Datentyp der Variablen
- ☐ durch explizite Auflistung der Werte
- ☐ durch die Festlegung der Größe des Arrays

Kann die Größe und Dimension des Arrays zur Laufzeit geändert werden?

- ☐ nein
- ☐ ja

Schritt 5:

Methoden

Lernhinweise und Prüfungstipps

Was erwartet mich in diesem Kapitel?

In diesem Kapitel geht es um Methoden, ihren Aufbau und ihren Aufruf.

Welche Schlagwörter lerne ich kennen?

■ Methode ■ Signatur ■ Modifier ■ formale und aktuelle Parameter ■ Rekursion

Wofür benötige ich dieses Wissen?

Methoden sind ein Element der Programmierung, um Abläufe zusammen zu fassen und mehrfach aufrufen zu können.

Welchen Prüfungstipp kann ich aus diesem Abschnitt ziehen?

In Prüfungen wird häufig gefordert, die Signatur einer Methode zu bestimmen und aktuelle und formale Parameter zu unterscheiden. Im Rahmen von Programmieraufgaben müssen Methoden deklariert werden.

5.1 Anweisungen in Methoden zusammenfassen

Methoden stellen ein wesentliches Konzept aller Programmiersprachen dar.

Methoden fassen Anweisungen unter einem *symbolischen Methodennamen* zusammen. Die Methode kann unter diesem Namen aufgerufen werden und führt dann die enthaltenen Anweisungen aus.

Konkrete Methoden werden in der Form definiert: `Modifier* (Rückgabetyp | void) Methodenname (ParameterListe){ Methodenkörper }`

Abstrakte Methoden werden in der Form definiert `Modifier* (Rückgabetyp | void) Methodenname (ParameterListe);` Dabei muss einer der Modifier `abstract` sein, `static`, `private` und `final` sind als Modifier (siehe unten) hier ausgeschlossen.

Als **Signatur** einer Methode werden der Methodenname und die Parametertypen (in der Reihenfolge der Deklaration) bezeichnet. Modifier, Ergebnistyp und Parameternamen gehören *nicht* zur Signatur. Innerhalb einer Klasse dürfen nur Methoden unterschiedlicher Signatur vorkommen.

Methoden können *überladen* werden: eine Klasse kann mehrere Methoden mit gleichem Namen und unterschiedlichen Parametertypen besitzen (also mit unterschiedlichen Signaturen).

Methoden können durch ihre Parameter unterschiedliche Werte erhalten.

- *Formale Parameter* sind symbolische Namen, die zur Deklaration der Methode genutzt werden.
- *Aktuelle Parameter* sind die tatsächlichen Werte, die während der Ausführung genutzt werden.

Die **formalen Parameter** werden in der Parameterliste zusammen mit ihrem Typ in der Form `Datentyp Parameter, ...` deklariert. Die Parameterliste kann auch leer sein. Aktuelle Parameter werden in der Reihenfolge der Deklaration an die formalen Parameter gebunden.

Der **Methodenkörper** ist eine Sequenz von Java-Anweisungen.

Methoden können einen `Rückgabetyp` besitzen. In diesem Fall muss die Methode einen Wert vom entsprechenden Typ zurückgeben. Dem **Rückgabewert** wird das Schlüsselwort `return` vorangestellt. Mit `return` wird die Ausführung der Methode beendet und die Kontrolle an den aufrufenden Programmteil zurückgegeben.

Gibt die Methode kein Ergebnis zurück, hat sie den Rückgabetyp `void`. In diesem Fall ist kein `return` notwendig, aber auch `return` ohne Rückgabewert ist möglich.

Modifier legen den Zugriff auf die Methode oder weitere Eigenschaften der Methode fest. Es wird zwischen Zugriffs- und Nicht-Zugriffsmodifiern unterschieden. Zugriffsmodifier legen die Sichtbarkeit der Elemente fest und definieren den Grad, in dem andere Programmteile auf Programmteile (in diesem Fall Methoden) zugreifen können. Eine ausführliche Diskussion der Sichtbarkeit und der Wirkung der Zugriffsmodifier findet sich in Kapitel 6.

Die Zugriffsmodifier für Methoden sind:

- `public`: Die Methode kann aus allen anderen Klassen aufgerufen werden.
- `protected`: Die Methode kann aus allen anderen Klassen innerhalb desselben Pakets und aus Unterklassen der die Methode enthaltenden Klasse aufgerufen werden.
- `default` (auch „`friendly`" oder „`package`"): Die Methode kann aus allen anderen Klassen innerhalb desselben Pakets aufgerufen werden. Dieser Modifier hat *kein* Schlüsselwort, sondern wird durch das Fehlen der anderen Zugriffsmodifier angezeigt.
- `private`: Die Methode kann nur innerhalb derselben Klasse aufgerufen werden.

Die Nicht-Zugriffsmodifier sind:

- `static`: Die Methode ist der Klasse zugeordnet. Falls der Modifier fehlt, ist die Methode dem Objekt zugeordnet (eine Erläuterung von Objekten findet sich in Kapitel 7).
- `final`: Die Methode kann nicht von einer Unterklasse überschrieben werden. Fehlt der Modifier, kann sie überschrieben werden.
- `abstract`: Abstrakte Methoden haben keinen Methodenkörper („Implementierung") sondern nur eine Signatur und werden mit einem Semikolon abgeschlossen. Abstrakte Methoden können nicht ausgeführt werden, sondern müssen von Unterklassen dieser Klasse implementiert werden (→ Kapitel 7). Fehlt der Modifier, ist die Methode konkret und muss einen Körper besitzen. Sie kann dann auch ausgeführt werden.

Als Beispiel für dieses und die folgenden beiden Kapitel soll ein Ausschnitt aus einem Programm zur Autovermietung verwendet werden. Anwender dieses Programms können (über die Kommandozeile) Autos ausleihen und wieder zurückgeben.[13] Die folgende Methode der Autovermietung sucht im Feld `ausgeliehen` die Position eines freien Autos (Listing 14):

```
public static int freiesAutoSuchen() {
   for (int i = 0; i < anzahl; i++)
         if (!ausgeliehen[i])
               return i;
   return UNDEFINERT;
}
```

Listing 14: Die Methode `freiesAutoSuchen`

[1] Der Methodenname `freiesAutoSuchen`.

[2] Zugriffsmodifier `public`.

[3] Nicht-Zugriffsmodifier `static`.

[4] Die Methode muss ein Resultat vom Typ `int` liefern.

[5] Die Methode hat keine formalen Parameter.

[6] Die Methode durchwandert alle Werte des Felds bis zur Anzahl und prüft, ob das das Feld ausgeliehen an der Stelle `i true oder false` ist.

[7] Falls an der Stelle `i false` eingetragen ist, ergibt `!ausgeliehen [i]` den Wert `true`. In diesem Fall wird der gefundene Index `i` als Resultat zurück gegeben. Die Methode endet dann an dieser Stelle.

[8] Falls an allen Stellen `true` eingetragen war, wird die Schleife ohne `return` durchlaufen. Am Ende wird die zu Beginn der Klasse festgelegte Konstante `UNDEFINIERT` (mit dem Wert -1) als Resultat zurück gegeben.

Die folgende Methode der Autovermietung entleiht ein Auto (Listing 15):

```
public class Autovermietung {
   ...
   public static String[] modelle = new String[MAX];
   public static String[] kennzeichen = new String[MAX];
   public static int[] kreditkarten = new int[MAX];
   ...
```

[13] Das vollständige Beispiel ist unter uvk-lucius.de/schritt-fuer-schritt zu finden.

```
    (2)    (3)    (4)        (1)       (5)
    public static String ausleihen(int kreditkarte) {
       int i = freiesAutoSuchen();              (6)
       if (i == UNDEFINERT) {
             System.out.println("Kein freies Auto gefunden.");
             return null;                       (7)
       }

       ausgeliehen[i] = true;                   (8)
       kreditkarten[i] = kreditkarte;           (9)

       System.out.println(modelle[i] + " (" + kennzeichen[i] + ")"
                    + " wurde ausgeliehen");

       return kennzeichen[i];                   (10)
    }
    ...
    public static void main(String[] args) {    (11)
       ...
       String kennzeichen = ausleihen(12345678);
       ...
    }
}
```

Listing 15: Die Methode `ausleihen`

[1] Der Methodenname `ausleihen`.

[2] Zugriffsmodifier `public`.

[3] Nicht-Zugriffsmodifier `static`.

[4] Die Methode muss ein Resultat vom Typ `String` liefern.

[5] Die Methode hat den formalen Parameter `kreditkarte`.

[6] Es wird zunächst der Index eines freien Autos gesucht.

[7] Falls kein freies Auto gefunden wurde (das Ergebnis war dann die zuvor definierte Konstante `UNDEFINIERT`), wird die Methode an dieser Stelle mit dem Rückgabewert `null` beendet. `null` ist ein von Java vordefinierter Wert der „kein Objekt" kennzeichnet.

[8] Das Auto wird als „ausgeliehen" gekennzeichnet, die Kreditkartennummer wird gespeichert.

[9] Meldung am Bildschirm.

[10] Rückgabe des Kennzeichens des ausgeliehenen Fahrzeugs.

[11] Aufruf der Methode: der aktuelle Parameter `12345678` (der eine Kreditkartennummer repräsentieren soll) wird an den formalen Parameter `kennzeichen` der Methode `ausleihen` gebunden.

Methoden können sich selbst aufrufen – in diesem Fall spricht man von *Rekursion* (Listing 16).

```
public class Autovermietung {
    ...

    public static int freiesAutoSuchen(int i) {
        if(i == anzahl)
            return UNDEFINERT;
        else if (!ausgeliehen[i])
            return i;
        else
            return freiesAutoSuchen(i + 1);
    }

    public static String ausleihen(int kreditkarte) {
        int i = freiesAutoSuchen(0);
        ...
    }
    ...
}
```

Listing 16: Rekursive Implementierung von `freiesAutoSuchen`

[1] Der Methodenname `ausleihen`.

[2] Die Methode hat den formalen Parameter `i`.

[3] Abbruchbedingung für die Rekursion: es wurden alle gültigen Werte durchsucht und nichts gefunden. In diesem Fall wird `UNDEFINIERT` zurückgegeben.

[4] Abbruchbedingung für die Rekursion: es wurden ein nicht ausgeliehener Wagen gefunden. In diesem Fall wird der Index zurückgegeben.

[5] Fortsetzung der Rekursion: Die Methode ruft sich selbst mit geändertem Parameter auf.

[6] Aufruf der rekursiven Methode: Startwert ist der aktuelle Parameter `0` – der erste Index des Feldes.

5.2 Fragen

Die Lösungen befinden sich am Ende des Buchs.

Was fassen Methoden zusammen?

☐ Parameter

☐ Anweisungen

☐ Variablen

Was gehört zur Signatur einer Methode?

- ☐ Modifier
- ☐ Rückgabetyp
- ☐ Methodenname
- ☐ Parametertypen
- ☐ Parameternamen
- ☐ Body

Welches sind Zugriffsmodifier?

- ☐ `private`
- ☐ `static`
- ☐ `public`
- ☐ `final`

Welches sind Nicht-Zugriffsmodifier?

- ☐ `public`
- ☐ `final`
- ☐ `abstract`
- ☐ `protected`

Was zeichnet eine rekursive Methode aus?

- ☐ eine Schleife
- ☐ eine Verzweigung
- ☐ ein Methodenaufruf an sich selbst
- ☐ eine return-Anweisung

Was ist ein formaler Parameter?

- ☐ symbolischer Name, der zur Deklaration der Methode genutzt wird
- ☐ der tatsächliche Wert, der während der Ausführung genutzt wird.

Schritt 6:
Sichtbarkeit / Gültigkeit

Lernhinweise und Prüfungstipps

Was erwartet mich in diesem Kapitel?

In diesem Kapitel geht es um die Sichtbarkeit und Gültigkeit von Methoden und Attributen.

Welche Schlagwörter lerne ich kennen?

■ Sichtbarkeit ■ Gültigkeit ■ Zugriffsmodifier ■ Klasse ■ Interface ■ Aufzählungstypen ■ Paket ■ Information Hiding

Wofür benötige ich dieses Wissen?

Die Kontrolle über Sichtbarkeit erlaubt, öffentliche Schnittstellen für Klassen, Interfaces und Aufzählungstypen zu definieren. Damit ist es möglich, ein System in möglichst unabhängige Komponenten zu zerlegen.

Welchen Prüfungstipp kann ich aus diesem Abschnitt ziehen?

In Prüfungen wird häufig gefordert, die verschiedenen Zugriffsmodifier zu unterscheiden und den Unterschied zwischen Sichtbarkeit und Gültigkeit zu erläutern oder anzuwenden.

6.1 Java-Komponenten

Ein Programmsystem wird in Teile oder Komponenten zerlegt, um diese Komponenten möglichst unabhängig behandeln zu können. In dieser Situation bekommt das Thema „Sichtbarkeit und Gültigkeit" eine zentrale Rolle. Komponenten in Java sind Klassen, Interfaces (→ Schritt 7) und Pakete.

Klassen sind die zentrale Komponente in Java (und allen objektorientierten Sprachen). Ein Klasse besteht aus Attributen und Methoden und ggfs. weiteren, sog. inneren Klassen, Interfaces und Aufzählungstypen.

Im Folgenden werden die Sichtbarkeit und Gültigkeit zunächst nur für äußere Klassen, Interfaces und Aufzählungstypen betrachtet. Innere Elemente stellen einen Sonderfall dar, der im letzten Abschnitt behandelt wird.

Interfaces sind Komponenten, die ausschließlich nicht-statische, abstrakte Methodendefinitionen und evtl. konstante Attribute enthalten können. Aufzählungstypen sind Komponenten, die neben Attributen und Methoden insbesondere Konstanten definieren.

Klassen, Interfaces und Aufzählungstypen werden in **Paketen** zusammengefasst; Pakete können wiederum Teil anderer Pakete sein.

Innerhalb von Klassen, Interfaces und Aufzählungstypen kann mit Hilfe der Zugriffsmodifier die Sichtbarkeit von Methoden und Attributen für andere Komponenten festgelegt werden. Dabei kann festgelegt werden, ob Methoden oder Attribute

- nur innerhalb einer Klasse oder Aufzählungstyps,
- nur innerhalb des gleichen Pakets,
- nur von Unterklassen einer Klasse oder
- generell verwendet werden können.

Klassen werden in der folgenden Form definiert:

```
❶        ❷
package paketname(.paketname)*;
❸        ❹    ❺
(Modifier)* class Klassenname{

   Klassenkörper   ❻
}
```
Listing 17: Allgemeine Form einer Klassendefiniton

[1] Schlüsselwort `package` zeigt die Paketdefiniton an. Die Paketdefinition ist optional – falls sie fehlt, wird die Klasse im „default"-Paket abgelegt. Eine Klasse kann immer nur einem Paket zugeordnet sein, d.h. es kann höchsten eine Paketdefinition geben.

[2] Liste von Paketnamen, getrennt durch Punkte und mit einem Semikolon beendet. Die Namen geben (von links nach rechts) die Pakethierarchie an. Der erste Name links ist das äußerste Paket, die folgenden Pakete sind jeweils im vorigen Paket enthalten.

Pakete werden auf Betriebssystemebene als Verzeichnisse umgesetzt – der Paketname muss dabei genau dem Verzeichnisnamen entsprechen. Paketnamen sind üblicherweise in Kleinbuchstaben. Enthält ein Paket ein anderes Paket, so ist es auch im entsprechenden Verzeichnis. Enthält ein Paket eine Klasse, so ist die Klassendatei auch im entsprechenden Verzeichnis des Pakets.

[3] Liste von Modifiern. Wie bei den Methoden und Attributen sind hier Zugriffs- und Nicht-Zugriffsmodifier möglich.

[4] Schlüsselwort `class` zeigt eine Klassendefinition an.

[5] Name der Klasse. Klassennamen beginnen üblicherweise mit einem Großbuchstaben.

[6] Körper der Klasse: Methoden und Attribute.

Interfaces oder Aufzählungstypen werden analog mit dem Schlüsselwort `interface` oder `enum` definiert. Dabei gelten die folgenden Besonderheiten:

- Interfaces dürfen nur abstrakte Methoden mit public-Sichtbarkeit enthalten. Der `public`- und der `abstract`-Modifier können dabei weggelassen werden und werden dann implizit ergänzt.
- Ab Java 8 ist für Interfaces der `static`-Modifier und der (neue) `default`-Modifier zugelassen. Der `default`-Modifier erzwingt einen Methodenkörper.[14]
- Aufzählungstypen können zusätzlich eine Liste von Konstanten (vom Typ des Aufzählungstyps) enthalten, die aber keine explizite Typdeklaration mehr benötigen.

---

[14] Achtung: Der `default`-Modifier ist nicht mit der „default"-Sichtbarkeit zu verwechseln. Der `default`-Modifier ist ein – seit Java 8 neues – Schlüsselwort, die „default"-Sichtbarkeit wird durch das Fehlen eines Zugriffsmodifiers angezeigt.

6.2 Das Geheimnisprinzip und Zugriffsmodifier

Das zentrale Prinzip, um die Unabhängigkeit zwischen Komponenten zu erreichen, ist das Geheimnisprinzip („Information Hiding"). Dieses Prinzip bezieht sich im Wesentlichen auf die Zerlegung in Klassen und Pakete. Die zentralen Ideen sind:

- Komponenten stellen nur die Informationen, die tatsächlich nötig sind, zur Verfügung – alle übrigen Informationen werden verborgen.
- Auf die verborgenen Informationen darf von außerhalb nur über Methoden zugegriffen werden – der direkte Zugriff auf Variablen von außerhalb ist verboten.

Java kontrolliert den Zugriff (und erlaubt damit das Geheimnisprinzip) mit Hilfe der Zugriffsmodifier `public`, `private`, `protected` und „default". „default" ist kein eigenes Schlüsselwort (im Gegensatz zum `default`-Modifier bei Interfaces), sondern ist dann festgelegt, wenn keines der anderen drei Schlüsselwörter verwendet wird. Diese Modifier können auf Variablen, Methoden oder (eingeschränkt) auf Klassen angewandt werden.

Zugriffsmodifier bei Klassendefinitionen:

- `public class A{...}`: Die Klasse kann von allen anderen Klassen verwendet werden.
- `class A{...}`: (kein Zugriffsmodifier, „default"). Die Klasse kann nur von Klassen desselben Pakets verwendet werden.

Zugriffsmodifier bei Methodendefinitionen innerhalb einer Klasse z.B. für eine Methode *`modifier`* `void m(){...}` oder ein Attribut *`modifier`* `int x`:

`modifier`	**Die Methode oder das Attribut kann von Objekten[15] der Klasse selbst ...**
`public`	... und allen anderen Objekten verwendet werden.
`protected`	... und von Objekten aller Klassen im selben Paket und aller Unterklassen der Klasse verwendet werden.
(kein Zugriffsmodifier, „default")	... und von Objekten aller Klassen im selben Paket verwendet werden.
`private`	... und keinen weiteren Objekten verwendet werden. [16]

Tab. 9: Nutzung von Modifiern

---

[15] Siehe Abschnitt: „Klassen und Objekte".

[16] Die bedeutet auch, dass ein Objekt auf die privaten Attribute eines anderen Objekts zugreifen kann, falls es ein Exemplar derselben Klasse wie das Objekt selbst ist.

> Das **Geheimnisprinzip** wird mit Hilfe der Zugriffsmodifier folgendermaßen umgesetzt:
>
> - **Attribute** sind immer `private`.
> - **Methoden** können je nach Verwendung `private` (Hilfsmethoden), `public` (öffentliche Methoden) oder `protected` (auf Pakete oder Unterklassen beschränkte Methoden) sein. Der „default"-Zugriff wird eher selten genutzt.

Listing 18 zeigt, wie in der Autovermietung Informationen verborgen werden.

```
    package vermietung; (1)

    public class Autovermietung {
        ...
        private static String[] kennzeichen = new String[MAX];
(2)     private static boolean[] ausgeliehen = new boolean[MAX];
        private static int anzahl = 0;
        ...
(3)     private static int freiesAutoSuchen() {
            for(int i = 0; i < anzahl; i++)
(4)             if(!ausgeliehen[i])
                    return i;
            return UNDEFINERT;
        }


(5)     public static String ausleihen(int kreditkarte){
            int i  = freiesAutoSuchen();
(6)         ...
            return kennzeichen[i];
        }
        ...
    }
```

Listing 18: Verbergen von Informationen in der Autovermietung

[1] Definition eines Pakets `vermietung`. In diesem Paket liegt die Klasse Autovermietung.

[2] Deklaration von privaten Daten. Diese Daten sind nur innerhalb der Klasse Autovermietung nutzbar.

[3] Deklaration einer privaten (Hilfs-)Methode. Diese Methode kann nur innerhalb der Klasse Autovermietung genutzt werden.

[4] Die Methode greift auf die privaten Daten der Klasse zu.

[5] Deklaration einer öffentlichen Methode `ausleihen`. Diese Methode stellt die öffentliche Schnittstelle der Klasse dar.

[6] Die Methode greift auf die privaten Daten der Klasse zu.

Im folgenden Abschnitt wird gezeigt, wie auf die öffentlichen Elemente durch eine Anwenderklasse zugegriffen wird.

6.3 Qualifikation und Import

Elemente aus anderen Klassen können nicht direkt verwendet werden – sie müssen über eine Qualifikation identifiziert werden.

Eine **Qualifikation** besteht aus den Paketnamen, dem Klassennamen und schließlich dem Elementnamen, jeweils getrennt durch einen Punkt, also: *(Paketname.)*Klassenname.Elementname*

Listing 19 bis Listing 21 zeigen, wie die öffentliche Schnittstelle aus Listing 18 von einer Anwenderklasse genutzt werden kann.

```
package kunden; ❶

public class Interaktion{

    public static void main(String[] args) {
        ...
        String kennzeichen                   ❷
            = vermietung.Autovermietung.ausleihen(12345678);
        ...
    }
}
```

Listing 19: Qualifizierte Nutzung der Autovermietung

[1] Definition eines Pakets `kunden`. In diesem Paket liegt die Klasse `Interaktion`. Klassen aus diesem Paket können aus anderen Paketen nur deren öffentliche (`public`) Elemente nutzen.

[2] Qualifikation der Methode `ausleihen` aus Klasse `Autovermietung` im Paket `vermietung`.

Die Qualifikation kann durch einen Import ersetzt werden – in diesem Fall werden zu Beginn der Klasse (nach der Paketdeklaration) durch den Import die Klassen angegeben, von denen Elemente verwendet werden sollen. In diesem Fall kann die Qualifikation durch die Paketnamen weg gelassen werden, also: `import` *(Paketname.)+Klassenname*;

```
package interaktion;                         ❶

import vermietung.Autovermietung;            ❷

public class Interaktion{
```

```
    public static void main(String[] args) { ❸
        ...
        String kennzeichen = Autovermietung.ausleihen(12345678);
        ...
    }
}
```

Listing 20: Import der Autovermietung

[1] Definition eines Pakets `interaktion`.

[2] Import der Klasse Autovermietung aus dem Paket vermietung.

[3] Qualifikation der Methode `ausleihen` aus Klasse `Autovermietung`. Eine Qualifikation des Pakets ist wegen des Imports nicht mehr notwendig.

Eine Besonderheit stellen Wildcards (Symbol *) dar. Sie erlauben den generellen Import *aller* öffentlichen Elemente einer Komponente. Da das Geheimnisprinzip aber fordert, nur die benötigten Elemente zu importieren, ist die Nutzung der Wildcard nicht empfohlen. Die benötigten Elemente sollten explizit importiert werden. Eine erlaubte Ausnahme ist der statische Import: In diesem Fall stehen alle statischen Methoden oder Attribute ohne weitere Qualifikation zur Verfügung. Dies ist vor allem für Aufzählungstypen sinnvoll (→ Schritt 7).

```
package interaktion;                            ❶

import static vermietung.Autovermietung.*;      ❷

public class Interaktion {

    public static void main(String[] args) {    ❸

        String kennzeichen = ausleihen(12345678);
        System.out.println(kennzeichen);
    }
}
```

Listing 21: Statischer Import der Autovermietung

[1] Definition eines Pakets `interaktion`.

[2] Statischer Import aller statischen Elemente der Klasse `Autovermietung` aus dem Paket `vermietung`.

[3] Nutzung der Methode `ausleihen` aus Klasse `Autovermietung`. Eine Qualifikation des Pakets ist wegen des statischen Imports nicht mehr notwendig.

6.4 Gültige und sichtbare Elemente

Informationen, die von einer Komponente verwendet werden können, bezeichnet man als (für diese Komponente) gültig. Wenn sie darüber hinaus direkt (d.h. ohne Qualifikation) verwendet werden können, bezeichnet man sie als sichtbar.

Telefon | +49 (0) 591 91 43 10
Fax | +49 (0) 591 91 43 20
E-Mail | mailbox@emp.de
Web | www.emp.de

E.M.P. Merchandising Handelsgesellschaft mbH - P.O. Box - 49801 Lingen

Fabian Stähler
Appartment 401
Ernsthaldenstr. 47
70565 Stuttgart
Deutschland

517- 266 - 193372
022781560401
950517266

Rechnung

Auftrags-Nr	: **101411962958**	Internet	: 03.12.2019
Kunden-Nr	: **19987624**	Auftragsbearbeitung	: Internet
Rechnungs-Nr	: **0228998709**	Rechnungsdatum	: 03.12.2019
		Leistungsdatum	: 03.12.2019

Pos	Art-Nr	Produktbezeichnung	Größe	Bestellt	Geliefert	Preis	Gesamt	Status	MwSt
1	**442234**	**NFL New England Patriots Crew Neck Sweater Strick-Sweater multicolour S**	**S**	**1,00**	**1,00**	**59,99**	**59,99**		**19,0**
		Versandkostenpauschale				**0,00**	**0,00**		**19,0**

Deine Bestellnummer lautet: 0227815604

Vielen Dank für deine Bestellung!
Wir hoffen, dass du mit der Lieferung zufrieden bist und dir die Artikel gefallen.
Du hast Fragen? Rufe uns einfach an oder schicke uns eine Email, wir helfen dir gerne!

Deine Service Crew

Gesamtbetrag:	**59,99 EUR**
Im Betrag enthalten:	
MwSt 19,0% :	**9,58 EUR**
zu zahlender Betrag:	**59,99 EUR**
Zahlung per: PayPal	

Das EMP-Retourenportal Artikel nicht wie erwartet?

Eine Besonderheit stellen überdeckte Elemente dar: das sind Elemente, die denselben Namen haben z.B. eine Variable in einer Klasse und in einer Methode (z.B. ein Parameter). In diesem Fall ist in der Methode der Parameter sichtbar, die Variable der Klasse ist aber für die Methode nur gültig, aber nicht sichtbar. Um auf diese Variable zuzugreifen, muss sie qualifiziert werden. Bei statischen Elementen findet das über den Klassennamen statt, bei Objekten findet das über das Schlüsselwort `this` statt (→ Schritt 7).

Im folgenden Beispiel wird eine überdeckte Variable durch Qualifikation sichtbar gemacht.

```
package vermietung;

public class Auto {
    ...
    private int kreditkarte; (1)
    ...                                  (2)
    public void setKreditkarte(int kreditkarte) {
        this.kreditkarte = kreditkarte;
    }  (3)      (4)          (5)
    ...
}
```

Listing 22: Zugriff auf ein nicht-sichtbares Element

[1] Deklaration der Variablen `kreditkarte`, die für das Objekt gültig ist.

[2] Deklaration des Parameters `kreditkarte`, der für die Methode `setKreditkarte` gültig ist.

[3] Qualifikation der (in dieser Methode überdeckten) Variablen [1] mit Hilfe von `this`.

[4] Die qualifizierte Variable, die damit wieder verwendbar ist.

[5] Der lokale Parameter `kennzeichen`.

6.5 Innere Elemente

Wie zu Beginn erwähnt, bietet Java die Möglichkeit, innere Komponenten zu erstellen. D.h. Klassen, Methoden, Interfaces und Aufzählungstypen können wiederum Klassen, Interfaces oder Aufzählungstypen enthalten. Es ist allerdings nicht möglich, innere Pakete oder Methoden zu erstellen (letztere indirekt über eine innere Klasse in einer Methode, die eine Methode definiert). Für diese besonderen Fälle gelten weitere Sichtbarkeitsregeln:

- Äußere Elemente können dabei immer auf Attribute oder Methoden ihrer inneren Elemente zugreifen – unabhängig von deren Zugriffsmodifier.

- Innere Klassen, Interfaces oder Aufzählungstypen können zusätzlich die Zugriffsmodifier `protected` oder `private` besitzen. In diesen Fällen ist die Verwendung für andere Klassen ausserhalb der eigenen Klasse entsprechend eingeschränkt.

6.6 Fragen

Die Lösungen befinden sich am Ende des Buchs.

Was fassen Pakete zusammen?

☐ Klassen
☐ Methoden
☐ Interfaces
☐ weitere Pakete

Wie lautet das Schlüsselwort zur Paketdefinition?

☐ `private`
☐ `protected`
☐ `package`
☐ `parcel`

Das Geheimnisprinzip ...

☐ verbirgt alle Informationen
☐ verbirgt alle relevanten Informationen
☐ verbirgt alle nicht-relevanten Informationen
☐ verbirgt unwichtige Informationen

Welcher Zugriffsmodifier schränkt die Gültigkeit am stärksten ein?

☐ `public`
☐ `protected`
☐ kein Zugriffsmodifier („`default`")
☐ `private`

Welcher Zugriffsmodifier schränkt die Gültigkeit auf Pakete ein?

- ☐ `public`
- ☐ `protected`
- ☐ kein Zugriffsmodifier („`default`")
- ☐ `private`

Elemente aus andern Klassen können verwendet werden ...

- ☐ durch Qualifikation
- ☐ durch Aufruf
- ☐ durch Import
- ☐ durch Nennung

Welche Aussage ist richtig?

- ☐ Sichtbare Elemente sind immer gültig.
- ☐ Gültige Elemente sind immer sichtbar.

Schritt 7:

Objektorientierte Konzepte

Lernhinweise und Prüfungstipps

Was erwartet mich in diesem Kapitel?

In diesem Kapitel geht es um die zentralen Ideen der objektorientierten Programmierung.

Welche Schlagwörter lerne ich kennen?

■ Klasse ■ Objekt ■ Konstruktor ■ Interface ■ Enumeration ■ Vererbung ■ Polymorphismus ■ Delegation

Wofür benötige ich dieses Wissen?

Die objektorientierten Konzepte bilden die Grundlage der objektorientierten Programmierung. Alle „echten" Java-Programme bauen auf diesen Konzepten auf.

Welchen Prüfungstipp kann ich aus diesem Abschnitt ziehen?

In Prüfungen wird häufig gefordert, Klasse und Objekt zu unterscheiden. Üblicherweise müssen Klassen, Interfaces und Aufzählungstypen erstellt und erweitert werden.

Gegenüber der herkömmlichen, prozeduralen Programmierung, die die Methoden in den Mittelpunkt stellt, stehen bei der objektorientierten Programmierung die Daten (die „Objekte") im Mittelpunkt. Die objektorientierte Programmierung setzt konsequent auf das Geheimnisprinzip (→ Schritt 6).

7.1 Klassen und Objekte

Zentrale Konzepte der objektorientierten Programmierung sind

- die **Klasse**, in der Daten definiert werden, und
- das **Objekt**, das auf Basis der Klassendefinition erzeugt wird.

Eine Klasse hat zwei Aspekte: statische und nicht-statische Eigenschaften.

Statische Eigenschaften einer Klasse:

- Die Klasse kann eigene Daten und Methoden besitzen – dies sind die statischen Eigenschaften einer Klasse.
- Sie werden mit dem `static`-Modifier versehen und üblicherweise Klassenvariablen und Klassenmethoden genannt.
- Klassenvariablen und -methoden sind für die Klasse selbst und alle ihre Objekte gültig.
- Eine Klassenvariable existiert pro Klasse ein einziges Mal und hat deshalb nur einen einzigen Wert.

Nicht-statische Eigenschaften einer Klasse:

- Die Klasse ist ein „Bauplan" für Objekte (auch „Instanzen" oder „Exemplare"). Die Klasse beschreibt dann die Daten und das Verhalten der zukünftigen Objekte – dies sind die nicht-statischen („non-static") Eigenschaften einer Klasse.
- Diese Eigenschaften werden *ohne* `static`-Modifier definiert und als Instanzvariablen und Instanzmethoden bezeichnet.
- Instanzvariablen und -methoden sind nur für die Objekte der Klasse gültig – nicht aber für die Klasse.
- Pro Objekt wird jeweils eine eigene Instanzvariable angelegt.

Eine besondere Instanzmethode (mit abweichender Syntax) ist der Konstruktor:

- Ein Konstruktor kann ausschließlich bei der Erzeugung eines Objekts verwendet werden.
- Der Konstruktor muss denselben Namen wie die zugehörige Klasse haben und besitzt keinen Rückgabetyp, kann aber Parameter besitzen. Der Konstruktor dient zur Initialisierung des gerade erzeugten Objekts.
- Der Konstruktor kann überladen werden: Es kann mehrere Konstruktoren mit unterschiedlichen Parametern geben.
- Java stellt automatisch für jede Klasse einen parameterlosen Standardkonstruktor zur Verfügung – wird jedoch ein eigener Konstruktor realisiert, steht der Standardkonstruktor nicht mehr zur Verfügung.

Listing 23 zeigt ein Beispiel für eine Klasse mit statischen und nicht-statischen Elementen.

```
public class Auto {

    private static final String KENNZEICHEN_TEXT = "S-AV"; (1)
    private static int nummer = 1000; (2)

    private String modell;
    private String kennzeichen; (3)
    ...
    public Auto(String modell, double miete) { (4)
        this.modell = modell;
        this.kennzeichen = KENNZEICHEN_TEXT + " " + nummer;
        nummer++; (5)
        ...
    }
                        (6)
    public boolean hatKennzeichen(String kennzeichen){
        return this.kennzeichen.equalsIgnoreCase(kennzeichen);
    }
    ...
}
```

Listing 23: Beispiel für Klassen und Instanzelemente

[1] Konstante (finale Klassenvariable).

[2] Klassenvariable `nummer`.

[3] Instanzvariablen `modell` und `kennzeichen`.

[4] Konstruktor für ein Auto-Objekt.

[5] Bei der Initialisierung eines Autos wird ein neues Kennzeichen erzeugt. Da die Klassenvariable `nummer` nur einmal vorliegt, zählt jeder Konstruktoraufruf diese Variable hoch.

[6] Instanzmethode eines Auto-Objekts.

Ein neues Objekt wird mit Hilfe des Ausdrucks `new` *`Konstruktorname`* *`(Parameter)`* erzeugt. Der `new`-Operator erzeugt das Objekt, der Konstruktor initialisiert es. Das neu erzeugte Objekt ist vom Typ seiner Klasse. Es kann deshalb einer Variablen vom Typ der Klasse zugewiesen werden.

```
public class Autovermietung {

    public void neuesAuto(String modell, double miete){
        ...
        Auto auto = new Auto(modell, miete);
        autos[anzahl] = auto;
        anzahl++;
        ...
    }
    ...
}
```

Listing 24: Erzeugung eines neuen Objekts

[1] Deklaration einer Variablen auto vom Typ Auto.
[2] Erzeugung eines neuen Autoobjekts mit dem new-Operator.
[3] Initialisierung des neuen Autoobjekts durch den Konstruktor.
[4] Nutzung des neu erzeugten Autoobjekts.

Methoden, die ausschließlich zum Lesen oder Schreiben von Variablen dienen, werden *Getter* oder *Setter* genannt. Sie haben typischerweise die folgende Form:

```
public class Auto {
    ...
    private double kosten;
    ...

    public double getKosten() {
        return kosten;
    }

    public void setKosten(double kosten) {
        this.kosten = kosten;
    }
    ...
}
```

Listing 25: Getter und Setter

[1] Deklaration einer (Instanz-)Variablen namens `kosten` vom Typ `double`.
[2] Deklaration eines Getters: der Methodenname ist *`getVariablenname`*.

Rückgabetyp ist der Typ der Variablen, die Methode besitzt keine Parameter.

[3] Rückgabe des Variablenwerts.

[4] Deklaration eines Setters: der Methodenname ist `setVariablenname`. Rückgabetyp ist `void`.

[5] Die Methode besitzt einen Parameter, der wie die Variable heißt und denselben Typ hat.

[6] Zuweisung des Parameters an die Variable. Da die Variable durch den Parameter verdeckt ist (→ Schritt 6), muss sie mit `this` qualifiziert werden. `this` beschreibt dabei das gesamte aktuelle Objekt.

7.2 Erweiterung / Vererbung

Klassen können durch andere Klassen erweitert werden. Dieser Mechanismus wird üblicherweise **Vererbung** genannt. Die erbende oder erweiterte Klasse wird **Unterklasse** genannt, die vererbende oder erweiterte Klasse wird **Oberklasse** genannt.

In Java wird Vererbung durch das Schlüsselwort `extends` angezeigt. Vererbung wird in der Form definiert: *`Modifier`* **`class`** *`Klassenname`* **`extends`** *`Oberklassenname`* `{` *`Klassenkörper`* `}` Im Rahmen der Vererbung ist der default-Modifier nicht sinnvoll und wird im Folgenden nicht mehr betrachtet.

Die Vererbung in Java hat die folgenden Merkmale:

- Eine Unterklasse kann immer nur von einer Klasse erben. Man spricht deshalb von *Einfachvererbung*.
- Eine Unterklasse erbt alle Instanzvariablen und alle nicht-privaten Instanzmethoden der Oberklasse.
- Klassenvariablen, -methoden und Konstruktoren werden *nicht* vererbt.
- Unterklassen können neue Daten und Methoden hinzufügen oder geerbte Methoden überschreiben oder redefinieren, aber keine Elemente entfernen („Monotonie der Vererbung").
- Eine Unterklasse kann nur auf geerbte `public`- oder `protected`-Daten direkt zugreifen.
- `private`-Daten werden für die Unterklasse zwar angelegt, können aber nicht direkt von der Unterklasse verwendet werden. In diesem Fall benötigt die Unterklasse einen (geerbten) `public`-/ `protected`-Getter von der Oberklasse.

- public-/protected-Methoden der Oberklasse können durch Methoden mit der gleichen Signatur in der Unterklasse überschrieben werden (Redefinition, „Overriding"). Auf die ursprüngliche Methode der Oberklasse kann mit super.*Methodenname(Parameter)* zugegriffen werden.
- Konstruktoren werden nicht vererbt, der Konstruktor der Oberklasse kann mit super*(Parameter)* aufgerufen werden – dieser Aufruf muss als erste Anweisung im Konstruktor stehen.
- Die oberste Klasse ist Object. Falls extends in der Klassendefinition weggelassen wird, erbt die Klasse automatisch von Object.

```
public class Auto { (1)
    ...                             (2)
    protected boolean ausleihen(int geplant, int kreditkarte) {
        if(ausgeliehen)
            return false;

        this.kreditkarte = kreditkarte;
        ausgeliehen = true;
        return true;
    }
    ...
}
                (3)
public class Lkw extends Auto {
    ...
                                    (4)
    protected boolean ausleihen(int geplant, int kreditkartenNr) {
        if(!super.ausleihen(geplant, kreditkartenNr))
            return false;           (5)

        this.vergangen = 0; (6)
        this.geplant = geplant;
        return true;
    }
    ...
}
```

Listing 26: Ober- und Unterklassen

[1] Definition der Klasse Auto.

[2] Definition der Methode ausleihen.

[3] Definition der Klasse Lkw; diese Klasse ist eine Unterklasse der Klasse Auto.

[4] Die Methode ausleihen wird in der Unterklasse redefiniert.

[5] Mit super wird zunächst die ursprüngliche Implementierung ausgeführt.

[6] Im Anschluss werden zusätzlich für den LKW spezifische Aktionen ausgeführt.

7.3 Abstrakte Klassen und Methoden

Abstrakte Klassen dienen dazu, Gemeinsamkeiten für spätere Unterklassen zusammen zufassen. Solche Gemeinsamkeiten können Attribute, Methoden oder **abstrakte Methoden** sein. Abstrakte Klassen oder Methoden werden mit dem Schlüsselwort `abstract` gekennzeichnet.

Von abstrakten Klassen können keine Instanzen erzeugt werden. Abstrakte Methoden besitzen keinen Methodenkörper – nur die Signatur und den Rückgabetyp.

Abstrakte Klassen werden durch den Modifier `abstract` gekennzeichnet und in der folgenden Form definiert: *Zugriffsmodifier* **abstract class** *Klassenname* { *Klassenkörper* }. Abstrakte Klassen dienen zur Darstellung allgemeiner Sachverhalte, die z.T. noch unvollständig sein können und die dann durch Unterklassen konkretisiert und vervollständigt werden.

Abstrakte Methoden werden durch den Modifier `abstract` gekennzeichnet und in der folgenden Form definiert: *Zugriffsmodifier* **abstract** (*Rückgabetyp* | **void**) *Methodenname* (*ParameterListe*);

Abstrakte Methoden können nur in abstrakten Klassen definiert werden. Ist die Unterklasse einer solchen Klasse nicht abstrakt, müssen alle in der Oberklasse definierten, abstrakten Methoden in dieser Klasse implementiert werden, d.h. es müssen Methoden mit der durch die abstrakte Klasse vorgegebenen Signatur und Rückgabetyp programmiert werden.

```
           1
public abstract class Auto {
    ...
    protected abstract boolean istEin(int gruppe);
    ...              2
}
```

Listing 27: Abstrakte Klassen und Methoden

[1] Definition einer abstrakten Klasse.

[2] Definition einer abstrakten Methode.

7.4 Schnittstellen / Interfaces

Interfaces sind Komponenten, die ausschließlich abstrakte Methoden definieren. Sie werden durch das Schlüsselwort `interface` gekennzeichnet und in der folgenden Form definiert: *`Zugriffsmodifier`* **`interface`** `{` *`Methodendeklarationen`* `}`. Das Schlüsselwort `abstract` für die definierten Methoden ist optional und wird üblicherweise weggelassen. Anders als Klassen können Interfaces von mehreren anderen Interfaces erben. Seit Java 8 ist es möglich, auch konkrete Implementierung im Interface anzulegen – diese werden mit dem Modifier `default` gekennzeichnet.

Klassen können ein Interface implementieren. Anders als bei der Vererbung können Klassen auch mehrere Interfaces implementieren. Dies wird durch das Schlüsselwort **`implements`** angezeigt. In diesem Fall muss die implementierende Klasse alle Methoden mit der durch das Interface vorgegebenen Signatur und Rückgabetyp implementieren.

```
public interface Buchbar {                    (1)

    public float zurueckgeben();
                                              (2)
    public void einTagVergeht();
}
                  (4)          (3)
public class WiFi implements Buchbar{

    private static final float KOSTEN = 2;
    private float kosten = 0;

    public float zurueckgeben() {             (5)
        float kosten = this.kosten;
        this.kosten = 0;
        return kosten;
    }

    public void einTagVergeht() {
        kosten = kosten + KOSTEN;
    }
    ...
}
```

Listing 28: Interface und implementierende Klasse

[1] Definition des Interface `Buchbar`

[2] Definition von zwei abstrakten Methoden

[3] Definition der Klasse `WiFi`.

[4] Diese Klasse implementiert das Interface `Buchbar`.

[5] Dazu muss sie die im Interface definierten Methoden realisieren.

Interfaces können, wie Klassen auch, als Typ zur Variablen- oder Parameterdeklaration verwendet werden. Objekte einer Klasse, die ein Interface implementieren, können auch einer Variablen vom Typ des Interfaces zugewiesen werden – in diesem Fall sind für die Variable nur die im Interface definierten Methoden gültig.

Interfaces dienen vor allem dazu, auf der einen Seite eine Implementierungsvorgabe zu machen (durch die abstrakten Methoden) und auf der anderen Seite bereits Programmteile zu schreiben, die Objekte von diesem Interface-Typ nutzen. Dieses Vorgehen wird oft „Design by Contract“ genannt: das Interface stellt einen Vertrag dar, gegen den programmiert wird.

7.5 Aufzählungstypen / Enumerations

Seit der Version 1.5 besteht in Java die Möglichkeit, Aufzählungstypen („Enumerations“) zu definieren. Ein Aufzählungstyp ist eine Liste von Konstanten. Technisch sind Aufzählungstypen eine Klasse (nämlich eine Unterklasse der vordefinierten Klasse `java.lang.Enum`) – allerdings haben sie eine an ihre Aufgabe angepasste Syntax.

In der Programmierung besteht oft Bedarf an Datentypen mit einer eigenen Wertemenge, meist um bestimmte Zustände oder bestimmte Eigenschaften zu kennzeichnen. Für die Autovermietung wäre das z.B. der Fahrzeugtyp: PKW/Kombi, LKW, Premium-Modell. In der Programmierung werden diese Werte üblicherweise zugwiesen und abgefragt, um z.B. festzustellen, ob ein Auto vom Typ PKW/Kombi ist. In C-ähnlichen Sprachen (wie auch Java) hat es sich eingebürgert, dass solche Werte als numerische Konstanten (vom Typ `int`) definiert werden, also z.B.:

```
public class Auto {

    public static final int PKW_KOMBI = 0;
    public static final int LKW = 1;              ❶
    public static final int PREMIUM = 2;
    ...
    private String kennzeichen;
    private int gruppe;                           ❷
    ...
    public String toString(){
        String grStr;                             ❸
        switch(gruppe){
            case PKW_KOMBI:  grStr = "[PKW/Kombi]"; break;
            case LKW:        grStr = "[LKW]"; break;
            case PREMIUM:    grStr = "[Premium-Modell]"; break;
            default :        grStr = "<unbekannte Gruppe>"; break;
        }
        return modell + " " + grStr+ " (" + kennzeichen + ")";
    }
}
```

Listing 29: Definition eines Wertetyps

[1] Definition eines Wertetyps mit Hilfe von numerischen Konstanten

[2] Variable, die diese Konstanten annehmen kann.

[3] Methode, die die Variable auswertet.

Indem man symbolische Konstanten (im Gegensatz zu direkten numerischen Konstanten) nutzt, wird das Programm lesbarer, nichts desto trotz ist es anfällig für Fehler und Missbrauch: Grundsätzlich könnten der Variablen `gruppe` beliebige Zahlen zugewiesen werden, was zu undefiniertem Verhalten führen kann, oder man kann versucht sein, in den Zahlen Eigenschaften zu codieren, die dann nur wieder dekodiert werden können, wenn die entsprechende Information zur Dekodierung verfügbar ist. (In unserem Beispiel könnte das z.B. der Mietpreis für eine bestimmte Fahrzeuggruppe sein – diese Information müsste mindestens als Kommentar hinterlegt sein.)

Aufzählungstypen vermeiden diese Probleme: Sie definieren für jeden Wertebereich einen eigenen Typ, der nicht mit anderen Typen gemischt werden kann. Zusätzlich können für die Werte weitere Attribute definiert werden.

Im einfachsten Fall wird mit Hilfe der Deklaration **`public enum`** *`Aufzählungstyp{ WERT1, WERT2, ... }`* ein Typ mit einer Reihe von Werten definiert. Es ist nun möglich, Variablen von dem Aufzählungstyp zu deklarieren und dieser Variablen einen der im Aufzählungstyp definierten Werte zuzuweisen. Die Wertenamen eines Aufzählungstyps werden gemäß Java-Konvention groß geschrieben, da es sich um Konstanten handelt.

```
public enum Gruppe {
    PKW_KOMBI, LKW, PREMIUM   (1)
}


public class Auto {
    ...
    private Gruppe gruppe;   (2)
    ...
}
```

Listing 30: Definition eines Aufzählungstyps

[1] Definition eines Aufzählungstyps mit drei Werten.

[2] Variable, die diese Werte annehmen kann.

Aufzählungstypen können – wie normale Java-Klassen – mit beliebigen Attributen und Methoden versehen werden. Die einzelnen Werte eines Aufzählungstyps sind technisch gesehen konstante Objekte von der Klasse des Aufzählungstyps. Mit den Attributen können diesen Konstanten zusätzliche Werte mitgegeben werden. Belegt werden die Attribute üblicherweise mit einem privaten Konstruktor, der nicht mehr explizit erscheint, sondern bei der Definition der

Werte implizit durch eine Parameterliste aufgerufen wird. Listing 31 zeigt, wie der Aufzählungstyp für eine `Gruppe` um ein Attribut für eine Standardmiete ergänzt werden kann.

```
public enum Gruppe {

    PKW_KOMBI(29.99), LKW(19.99), PREMIUM(99.99);  ❶

    private double standardMiete;                  ❷

    private Gruppe(double miete) {                 ❸
        this.standardMiete = miete;
    }

    public double getStandardMiete() {             ❹
        return standardMiete;
    }
}
```

Listing 31: Aufzählungstyp mit Attributen

[1] Definition der Werte: als Parameter werden die Werte angegeben, die dem Konstruktor zur Initialisierung übergeben werden – die Parameter müssen mit der Signatur des Konstruktors übereinstimmen. Die Werteliste muss in diesem Fall mit einem `;` abgeschlossen werden.

[2] Das Attribut der Konstanten.

[3] Konstruktor, der das Attribut setzt. Der Konstruktor eines Aufzählungstyps ist immer `private`. Er wird implizit bei der Deklaration aufgerufen.

[4] Getter zum Zugriff auf den Attributwert, z.B. `LKW.getStandardMiete();`

7.6 Polymorphismus

Polymorphismus in objektorientierten Programmiersprachen bedeutet, dass ein Objekt nicht unbedingt unter seinem eigenen Typ auftreten muss, sondern auch als ein anderer Typ auftreten kann. In Java kann das der Typ eines implementierten Interfaces oder einer Oberklasse sein. In diesen Fällen wird das Objekt einer Variablen zugewiesen oder an einen Parameter gebunden, der nicht gleich dem Objekttyp ist, sondern eine Oberklasse oder ein implementiertes Interface des Objekts ist.

```
public abstract class Auto {
    ...
    private Buchbar[] zubehoer = new Buchbar[MAX];  ❶
    ...
    protected void einTagVergeht(){
        if(ausgeliehen){
```

```
            for(int i = 0; i < zubehoer.length; i++)
                if(zubehoer[i] != null)
                    zubehoer[i].einTagVergeht();        (2)
            ...
        }
    }
    ...
}
```

Listing 32: Polymorphismus

[1] Definition eines Felds vom Typ `Buchbar`. Dieses Feld kann alle Objekte aufnehmen, deren Klasse das Interface `Buchbar` implementieren, z.B. die Klasse `WiFi` (s.o.).

[2] Das Interface garantiert, dass die implementierenden Klassen die Methode `einTagvergeht` zur Verfügung stellt – sie kann deshalb hier aufgerufen werden, ohne das konkrete Objekt zu kennen.

Polymorphismus erlaubt die Programmierung eines allgemeinen Verhaltens (z.B. auf Basis eines Interfaces), das dann von konkreten oder implementierenden Klassen genutzt wird – diese Klassen müssen zur Zeit der Formulierung des allgemeinen Verhaltens noch nicht bekannt sein.

7.7 Best Practices der objektorientierten Programmierung

Objektorientierte Programmierung bietet ein hohes Potenzial, wiederverwendbare und leicht wartbare Programme zu erstellen. Um das zu erreichen, sollten die folgenden Best Practices beachtet werden:

- *Geheimnisprinzip umsetzen*: Daten sollten immer `private` sein. Der direkte Zugriff auf Daten sollte auf keinen Fall möglich sein, der Zugriff über Getter und Setter sollten soweit wie möglich vermieden werden – ein Objekt sollte vor allem fachliche Funktionen zur Verfügung stellen.
- *Fachlich arbeiten:* Klassen und Objekte sollten immer logisch/fachlich zusammengehörige Elemente zusammenfassen. Klassen, die nur Getter und Setter zur Verfügung stellen, sind reine Datencontainer ohne fachliche Funktion.
- *Konsequente Delegation:* Funktionen sollten immer dort ausgeführt werden, wo sie auch fachlich angesiedelt sind – ggfs. müssen aufrufende Objekte die Aufrufe delegieren.
- *Generalisierung/Spezialisierung*: Unterklassen, die gebildet werden, um auf die Daten oder Methoden der Oberklasse geschickt zuzugreifen, sind tech-

nisch möglich, sollten aber vermieden werden. Unterklassen sollten immer fachlich/logisch spezieller als ihre Oberklassen sein.

- *Verwendung genereller Eigenschaften*: Sind Unterklassen eine Spezialisierung der Oberklassen, sollte es möglich sein, auf den direkten Zugriff von Daten der Oberklassen zu verzichten – dies sollten die fachlichen Methoden der Oberklasse machen. Unterklassen sollten dann die fachlichen Methoden der Oberklasse redefinieren, die ursprüngliche Methode mit `super` aufrufen und dann den speziellen Teil anschließen.

7.8 Fragen

Die Lösungen befinden sich am Ende des Buchs.

Was ist die Aufgabe von Klassen im Rahmen der objektorientierten Programmierung?

☐ Bauplan für Pakete
☐ Bauplan für Interfaces
☐ Bauplan für Objekte
☐ Bauplan für weitere Klassen

Klassen ...

☐ erben von Interfaces.
☐ erben von anderen Klassen.
☐ implementieren Klassen.
☐ implementieren Interfaces.

Oberklassen sollten ...

☐ immer allgemeiner als ihre Unterklassen sein.
☐ immer spezieller als ihre Unterklassen sein.

Was zeigen Getter/Setter an?

☐ ein Container-Objekt ohne Fachlichkeit
☐ einfache Zugriffe
☐ das Geheimnisprinzip

Was zeichnet Polymorphismus aus?

- ☐ beliebige Zuweisungen an eine Variable
- ☐ Zuweisung von Objekten des Variablentyps
- ☐ Zuweisung von Objekten des Variablentyps und deren Unterklassen
- ☐ Zuweisung von Objekten des Variablentyps und deren Oberklassen

Ein Konstruktor ...

- ☐ ist eine besondere Klassenmethode.
- ☐ ist eine besondere Instanzmethode.
- ☐ initialisiert ein neues Objekt.
- ☐ erzeugt ein neues Objekt.

Eine Klassenmethode ...

- ☐ ist nur durch die Klasse ausführbar.
- ☐ ist durch die Exemplare einer Klasse ausführbar.
- ☐ ist nur durch die Exemplare einer Klasse ausführbar.
- ☐ ist durch die Klasse ausführbar.

Schritt 8:
Ausnahmen / Exceptions

Lernhinweise und Prüfungstipps

Was erwartet mich in diesem Kapitel?

Es gibt zwei Kategorien von Problemen: schwere Fehler, sog. Errors, die nicht behoben werden können, und einfache Fehler, sog. Exceptions, die von einer Anwendung behandelt und behoben werden können.

Welche Schlagwörter lerne ich kennen?

■ Error ■ Exception ■ try-and-catch ■ finally ■ Weitergabe (throws) ■ Fehlerbehandlung ■ Fehlermeldung

Wofür benötige ich dieses Wissen?

Jede Anwendung sollte auftretende Exceptions behandeln, um zuverlässig und stabil ablaufen zu können. Die Kenntnisse über die Ursachen und die Hierarchie der Exceptions sind notwendig für eine effiziente Fehlerbehandlung.

Welchen Prüfungstipp kann ich aus diesem Abschnitt ziehen?

Errors und Exceptions müssen unterschieden werden.

Die beiden Prinzipien der Fehlerbehandlung (1) try-and-catch und (2) throws werden normalerweise abgefragt. Beim try-and-catch-Ansatz müssen die Bedingungen der catch-Klausel vom Speziellen zum Allgemeinen gehen.

Eine Fehlerbehandlung ist prinzipiell nach dem gleichen Schema aufgebaut und kann auf die vorgegebenen Methoden der entsprechenden Klassen zugreifen.

8.1 Ausnahmen auslösen und behandeln

Programmierfehler und die sich daraus häufig ergebenden Abstürze der Anwendung oder sogar des Betriebssystems hat sicherlich jeder Benutzer schon einmal erlebt. Bestimmte Fehler lassen sich dabei durch eine „defensive Programmierung" durchaus vermeiden, indem z.B. vor dem Objektzugriff geprüft wird, ob das Objekt bereits initialisiert ist oder ob die übergegebenen Parameterwerte gültig sind.

Abgesehen von diesen vermeidbaren Fehlern gibt es jedoch auch eine ganze Reihe von Fehlern, die nicht im Voraus abgefangen werden können. Es handelt sich hierbei z.B. um Fehleingaben durch Benutzer, Probleme mit dem Dateisystem oder dem Netzwerk und den Ausfall von Hardware. Für diese Kategorie von Fehlern ist die in Java bereits integrierte Fehlerbehandlung (in Form der Exceptions) geeignet. Aus diesem Grund müssen systematisch alle möglichen Fehlerfälle berücksichtigt werden, da in der Regel auftretende unbehandelte Fehler zum Absturz der Anwendung führen.

In Java stellt die Klasse `Throwable` die Basis für die beiden Klassen `Error` und `Exception` dar, die wiederum alle weiteren konkreten Fehlerklassen ableiten. `Throwable` kann dabei Informationen über die Fehlerursache, die Fehlermitteilung usw. enthalten.

Es gibt also zwei Kategorien von Fehlerklassen:

> Ein **Error** gehört zur Klasse der schwerwiegenden Fehler, die zum Abbruch der Anwendung führen, da sie prinzipiell nicht behandelbar sind.
>
> Eine **Exception** gehört zur Klasse der behebbaren Fehler, die entweder gelöst oder weitergeleitet werden können. Die Exception bietet als Objekt in der Regel Methoden an, die Informationen über die Ursache, den aktuellen Stand und die Fehlermeldung liefern, die dann von der Fehlerbehandlung ausgewertet werden können.

Es gibt bereits eine große Zahl von verfügbaren Exception-Klassen, die alle wesentlichen Aspekte abdecken und sich von diesen beiden Hauptklassen `Error` und `Exception` ableiten. Zusätzlich können für anwendungsspezifische Anforderungen noch eigene Exception-Klassen definiert werden.

Typische Fälle von Errors sind zum Beispiel:

- `OutOfMemoryError` tritt auf, falls die JVM nicht mehr über ausreichend Hauptspeicher verfügt.

- `StackOverflowError`: bedeutet, dass ein Überlauf des Stacks vorliegt, weil z.B. zu viele Methoden rekursiv aufgerufen wurden.
- `InternalError`: interner Fehler der JVM ist aufgetreten.
- `UnknowError`: unbekannter JVM-Fehler wurde ausgelöst.

Bekannte Beispiele für Exceptions sind:

- `NullPointerException`: das Objekt, auf das man versucht zu zugreifen ist nicht initialisiert, es ist also `null`.
- `IndexOutOfBoundsException`: beim Zugriff auf ein Array wird ein Index verwendet, der außerhalb des gültigen Wertebereichs liegt.
- `NumberFormatException`: tritt beim Parsen einer Zeichenkette auf, falls diese kein gültiges Zahlenformat darstellt.
- `IOException`: fehlerhafter Zugriff auf die Ein- oder Ausgabe, z.B. weil eine Datei nicht existiert.

Bei den Exceptions wird weiterhin noch zwischen *geprüften* („checked“) und *ungeprüften* („unchecked“) Exceptions unterschieden. Falls eine geprüfte Exception in einem Codeblock geworfen werden könnte, so muss diese entweder deklariert (per *throws*) oder aufgefangen (per *try-and-catch*) werden. Ungeprüfte Exceptions hingegen können behandelt (oder deklariert werden) – müssen aber nicht.

In dieser Hinsicht ist die Klasse `RuntimeException` wichtig, denn sie und alle daraus abgeleiteten Klassen gehören zu den ungeprüften Exceptions, alle sonstigen zu den geprüften Exceptions. Sie wird direkt von der Klasse **Exception** abgeleitet und umfasst eine Vielzahl von weiteren Exceptions, denen alle Java-Entwickler während ihrer Programmierung schon begegnet sind, wie z.B. die `NullPointerException` oder die `IndexOutOfBoundsException`.

Grundsätzlich sind alle ungeprüften Exceptions durch defensive Programmierung vermeidbar. Tritt eine solche RuntimeException auf, liegt deshalb immer ein Programmierfehler vor. Dagegen liegt der Fehler bei einer geprüften Ausnahme immer in der Umgebung, die nicht oder nur schwer zu kontrollieren ist.

Für die Behandlung von Exceptions gibt es prinzipiell immer die beiden Alternativen, die sich aber gegenseitig ausschließen:

[1] den **try-catch-Block**, der die Exception *auffängt* und *bearbeitet*, oder

[2] das **throws**-Konstrukt, das die Exception entgegen nimmt und dann *weiterleitet*.

Im ersten Ansatz wird die Exception behandelt, indem alle vorhandenen Fehlerbehandlungszweige mit der vorliegenden Exception verglichen werden und beim ersten passenden Vergleich die zugehörigen Anweisungen ausgeführt werden.

Im Regelfall liegt hierbei eine Hierarchie der Fehlerbehandlungszweige vor, mit zuerst den spezifischen Exception-Klassen und dann den allgemeineren, von denen die spezifischen abgeleitet sind. Es wird dann – vom Spezifischen zum Allgemeinen – die Fehlerbehandlung ausgeführt, die als erste zum tatsächlichen Fehler passt.

Im zweiten Ansatz werden die unbehandelten Exceptions weitergeleitet, ohne sicherzustellen, dass sie später behoben werden. Im schlimmsten Fall kann die Exception also beliebig oft weitergereicht werden, ohne aufgefangen und behandelt zu werden, was automatisch zum Abbruch der Anwendung führen würde.

Im Folgenden wird der erste Ansatz vertieft, bei dem die Exceptions aufgefangen und behandelt werden.

Der *try-catch-Block* besteht aus drei Teilen, von denen die beiden ersten verpflichtend sind:

- *try*: alle Anweisungen, bei denen prinzipiell die Exceptions aufgefangen werden sollen, müssen sich innerhalb der geschweiften Klammern des try-Blocks befinden.
- *catch*: alle aufzufangenden Exceptions müssen explizit aufgeführt werden.
- *finally*: dieses Konstrukt ist optional; falls es vorhanden ist, wird es in *jedem* Fall ausgeführt, selbst dann, wenn keine Exception geworfen wird.

Syntaktisch ist das try-catch-Konstrukt folgendermaßen aufgebaut:

```
try{    (1)
    <Anweisungen, die zur Ausnahme führen können>    (2)
}catch(Ausnahmeklasse1 e1){    (3)
    <Anweisungen, zur Behandlung der ersten Ausnahme>    (4)
}catch(Ausnahmeklasse2 e2){    (5)
    <Anweisungen, zur Behandlung der zweiten Ausnahme>    (6)
}
...
finally{    (7)
    <Anweisungen, zum Abschluss; im Erfolgs- und Fehlerfall>
}
```

Listing 33: Syntaktischer Aufbau des try-and-catch-Blocks

Grundsätzlich hat ein try-catch-Block folgenden Aufbau/Ablauf:

[1] Das Schlüsselwort `try` umschließt (mit einer öffnenden und später mit einer schließenden Klammer)

[2] einen Java-Codeblock, dessen Anweisungen zur Laufzeit auf Exceptions geprüft werden.

[3] Für jedes `catch` wird eine Exception-Klasse angegeben, die mit der geworfenen Exception verglichen wird. Im Fall einer Übereinstimmung mit der ersten `catch`-Regel

[4] werden die Anweisungen zur ersten Fehlerbehandlung ausgeführt,

[5] ansonsten wird die geworfene Exception mit der zweiten `catch`-Regel verglichen, und im positiven Fall

[6] werden die Anweisungen zur zweiten Fehlerbehandlung ausgeführt.

[7] `finally` ist optional und markiert den Codeblock, der in jedem Fall durchgeführt wird, selbst wenn keine Exception ausgelöst wurde.

Das folgende Listing zeigt die Verwendung an einem konkreten Beispiel, indem eine Zeichenkette nach einem Integer-Wert geparst wird. Die bereits verfügbare Zeichenkette s kann dabei aus einer Datei oder einer Benutzerschnittstelle ausgelesen worden sein.

```
String s = …;
try {                                              ❶
    int i = Integer.parseInt(s);                   ❷
    // weitere Anweisungen
}catch(NumberFormatException e){                   ❸
    e.printStackTrace();                           ❹
    // hier z.B. erneutes Einlesen eines Zeichens
}catch(Exception e){                               ❺
    // mögliche weitere Fehlerbehandlung           ❻
}
```

Listing 34: Parsen eines ganzzahligen Werts in der Zeichenkette

[1] `try` definiert den zu überwachenden Java-Code, d.h. Zeile [2]

[2] es wird versucht, die Zeichenkette in einen Integer-Wert zu überführen, indem ein ganzzahliger Wert geparst wird;

[3] die `catch`-Regel greift, falls eine `NumberFormatException` geworfen wird

[4] dann wird der aktuelle Programmstand (als sog. Stack-Trace) ausgegeben.

[5] Diese `catch`-Regel greift, falls eine allgemeine Exception (z.B. durch weitere Anweisungen in [2]) ausgelöst wurde.

[6] Hier findet dann die zugehörige Fehlerbehandlung statt.

Jedes Exception-Objekt bietet eine Reihe von Methoden an, die kurz beschrieben werden:

- `toString()`: Ausgabe des Exception-Objekts als Zeichenkette
- `getCause()`: Zugriff auf die Fehlerursache
- `getMessage()`: Ausgabe der Fehlermeldung
- `printStackTrace()`: Ausgabe des aktuellen Programmablaufs und -status

Im Fall, dass eine Exception nicht behandelt, sondern „nur" delegiert wird, ist dies im Kopf einer Methode mittels des Schlüsselworts `throws`, gefolgt von der oder den Ausnahmeklassen, zu deklarieren.

In Abwandlung des vorhergehenden Beispiels kann die `NumberFormatException` in der folgenden Methode `verarbeiten` deklariert werden, wenn der (bisherige) Code nicht von einem try-catch-Block umgeben wird.

```
public void verarbeiten() throws NumberFormatException{
    String s = …
    int n = Integer.parseInt(s);
    …
}
```

Listing 35: Delegation einer Ausnahme

Neben der Nutzung von vorhandenen Exception-Klassen ist es natürlich auch möglich, eigene Klassen zu definieren, die von den bereits verfügbaren Klassen `Exception` und `RuntimeException` abgeleitet werden.

Best Practices bei der Nutzung von Exceptions:

- RuntimeExceptions sollten nicht abgefangen, sondern durch defensive Programmierung vermieden werden.
- Exceptions sollten lokal (d.h. dort, wo sie auftreten) und im Kontext behandelt werden. Die Weiterleitung der Exception sollte eine Ausnahme bleiben, da diese ansonsten sehr leicht zu (längeren) Ketten von Weiterleitungen der Exceptions führen und somit eine sinnvolle Behandlung kaum noch möglich ist.

8.2 Fragen

Die Lösungen befinden sich am Ende des Buchs.

Was ist ein Error?

- ☐ eine Störung des Programmablaufs
- ☐ ein schwerer, nicht zu behandelnder Fehler
- ☐ ein zu lösender Fehler

Welches sind die zwei Ansätze der Fehlerverarbeitung?

- ☐ `try-and-catch`
- ☐ `throws`
- ☐ `catch`
- ☐ `finally`
- ☐ `try-and-capture`

Wie sollten die Fehlerbehandlungsregeln angeordnet sein?

- ☐ keine spezielle Ordnung
- ☐ vom Allgemeinen zum Speziellen
- ☐ vom Speziellen zum Allgemeinen
- ☐ vom Komplexen zum Einfachen

Was ist das Besondere an RuntimeExceptions?

- ☐ Sie müssen aufgefangen und behandelt werden.
- ☐ Sie müssen weitergeleitet werden.
- ☐ Sie können (müssen aber nicht) behandelt werden.
- ☐ Sie sind harmlose Exceptions ohne Auswirkungen.

Welche Methoden bietet ein Exception-Objekt an?

- ☐ Fehlernummer
- ☐ Fehlerursache
- ☐ Fehlermeldung
- ☐ Fehlerlog

Können Exceptions prinzipiell vermieden werden?

- ☐ Ja, wenn man vorsichtig und defensiv programmiert.
- ☐ Ja, indem alle möglichen Fälle abgedeckt sind.
- ☐ Nein, wegen falschen Eingabe-/Ausgabewerten.
- ☐ Nein, wegen Netzwerkstörungen.
- ☐ Nein, wegen Problemen des Dateisystems.

Was ist eine gute Strategie zur Fehlerbehandlung?

- ☐ Auftretende Fehler möglichst lokal verarbeiten.
- ☐ Fehler prinzipiell immer weiterleiten, solange bis es nicht mehr geht.

Schritt 9:

Zeichenketten / Strings

Lernhinweise und Prüfungstipps

Was erwartet mich in diesem Kapitel?

Das Wesentliche über Zeichenketten und die entsprechenden Klassen `String` und `StringBuilder`. Es geht darum, Zeichenketten zu erzeugen, zu vergleichen und daraus einzelne Zeichen oder Teilzeichenketten zu extrahieren, zu löschen oder einzufügen.

Welche Schlagwörter lerne ich kennen?

■ Zeichenkette ■ String ■ StringBuilder ■ Extraktion von Zeichen ■ Umwandlung von/in String ■ Löschen von Zeichen ■ Einfügen von Zeichen

Wofür benötige ich dieses Wissen?

Die Klasse `String` gehört zu den wichtigsten und am häufigsten verwendeten Klassen in Java, deshalb ist die Kenntnis dieses Datentyps eine wichtige Voraussetzung für die Arbeit mit Java.

Welchen Prüfungstipp kann ich aus diesem Abschnitt ziehen?

Die Unterschiede zwischen den Klassen `String` und `StringBuilder`, sowie die Anwendung der unterschiedlichen Methoden zum Vergleich und zur Umwandlung von Zeichenketten.

Die Klasse `String` ist *kein* einfacher Datentyp, sondern eine Java- Klasse für die Bearbeitung von Zeichenketten. Sie gehört sicherlich zu den am häufigsten benutzten Klassen und ist somit unumgänglich für die Programmierung. Außerdem lassen sich an dieser Klasse bereits die einfachen Konzepte zum Aufruf von Methoden studieren und einüben. Die Klasse `StringBuilder` ergänzt `String`, da sie über komplementäre Methoden verfügt, die in `String` nicht zu finden sind.

9.1 Die Klassen String und StringBuilder

> Die Klasse **String** enthält nur fixe, d.h. *nicht* zu verändernde Zeichenketten, während die Klasse **StringBuilder** variable, d.h. veränderbare Zeichenketten umfasst.

Aus der unterschiedlichen Ausrichtung der beiden Klassen `String` und `StringBuilder` ergibt sich auch die differenzierte Ausstattung mit Methoden.

Die Klasse `String` verfügt nur über Methoden, die den Inhalt der Zeichenketten *nicht* verändern, während `StringBuilder` hingegen nur *verändernde* Methoden hat.

Die Klasse `String` verfügt über Methoden:

- zur Extraktion von Zeichen und Teilzeichenketten
- zum Vergleich von Zeichenketten
- zur Umwandlung von einfachen Datentypen in Zeichenketten (die Rückumwandlung erfolgt mittels Wrapper-Klassen)

Die Klasse `StringBuilder` umfasst Methoden:

- zur Löschung von Zeichen und Teilzeichenketten
- zum Einfügen von Zeichen und Zeichenketten

In den folgenden Abschnitten werden die Klassen `String` und `StringBuilder` vorgestellt und erörtert.

9.2 Erzeugung von Strings

Der erste Schritt besteht in der Erzeugung einer Zeichenkette, was am einfachsten dadurch geschieht, indem der Text in doppelte Anführungszeichen gesetzt und einer Variablen zugewiesen wird.

```
String s = "Hallo Welt";
```

Listing 36: Erzeugung einer Zeichenkette

- Eine leere Zeichenkette (dargestellt durch "") ist zu unterscheiden von einer nicht-initialisierten Variablen, die den Wert `null` hat.
- Ebenso ist die Zeichenkette, die nur aus einem Leerzeichen besteht (dargestellt durch " "), unterschiedlich zur leeren Zeichenkette ("").

9.3 Vergleich von Strings

Der Vergleich von Zeichenketten gehört zu den entscheidenden Methoden der Klasse `String`. Eine Besonderheit ist hierbei, dass es hierfür *mehrere* verfügbare Methoden gibt, die jeweils unterschiedliche Voraussetzungen und Ziele haben und dementsprechend auch andersgeartete Ergebnisse liefern. Folgende Arten des Vergleichs sind möglich:

- == Prüfung der Identität der (Objekte der) Zeichenketten,
- `equals(s)` Prüfung der Inhalte der Zeichenketten,
- `equalsIgnoreCase(s)` Prüfung der Inhalte der Zeichenketten, unabhängig von der Klein- und Großschreibung,
- `compareTo(s)` Prüfung, ob die Inhalte der Zeichenkette (lexikalisch) kleiner, gleich oder größer als eine andere ist.

Die ersten drei Fälle liefern dabei einen Booleschen Rückgabewert, während der letzte Vergleich als Rückgabewert einen negativen ganzzahligen Wert, Null oder einen positiven ganzzahligen Wert ergibt. Listing 37 zeigt Beispiele für Anwendung der vier Vergleichsoperationen.

```
String s1, s2;
boolean ergebnis;
int vergleich;
...
ergebnis = (s1 == s2);                  1
ergebnis = s1.equals(s2);               2
ergebnis = s1.equalsIgnoreCase(s2);     3
vergleich = s1.compareTo(s2);           4
```

Listing 37: Anwendung der vier Vergleichsoperationen

[1] Beim Vergleich mit == wird geprüft, ob die beiden Referenzen auf die Objekte, d.h. die beiden Speicheradressen, die auf die Zeichenketten verweisen, *dieselben* sind. Diese Methode geht über die übliche *inhaltliche Gleichheit* hinaus, denn zwei Zeichenketten könnten zwar *inhaltlich gleich* sein, aber an *unterschiedlichen* Speicheradressen liegen, und sie wären in diesem Fall unterschiedlich.

[2] Beim Vergleich mit `equals()` wird die übliche *inhaltliche Gleichheit* geprüft, d.h. die *Inhalte* der beiden Zeichenketten müssen identisch sein, um gleich zu sein. Im Unterschied zum ersten Fall wären sie aber selbst dann noch gleich, selbst wenn sie an zwei *unterschiedlichen* Speicheradressen liegen.

[3] Beim Vergleich mit `equalsIgnorecase()` wird die inhaltliche Gleichheit abgemildert, denn die Zeichenketten können in Klein- und Großschreibung voneinander abweichen und trotzdem noch gleich sein.

[4] Beim Vergleich mit `compareTo()` werden zwei Zeichenketten *lexikalisch* miteinander verglichen. Dies bedeutet, dass das erste Zeichen der ersten Zeichenkette mit dem ersten Zeichen der zweiten Zeichenkette verglichen wird. Ist es kleiner, wird eine negative Zahl zurückgegeben, ist es größer, wird eine positive Zahl zurückgegeben, und wenn beide Zeichen gleich sind, wird das nächste Zeichen untersucht usw. Falls beide Zeichenketten *inhaltlich* gleich sind, ist der Rückgabewert 0.

In der Übersicht des lexikalischen Vergleichs ergibt sich somit:

s1.compareTo(s2)	**Rückgabewert**	**Beispiel**
kleiner	negativ (z.B. -1)	`s1="12", s2="AB"`
größer	positiv (z.B. 1)	`s1="Ab", s2="AB"`
gleich	0	`s1="AB", s2="AB"`

Tab. 10: Lexikalischer Vergleich zweier Zeichenketten

Der lexikalische Vergleich basiert auf der (An-)Ordnung der Zeichen innerhalb des Unicode- bzw. ASCII-Zeichensatzes. Dies hat zur Konsequenz, dass

- die nichtsichtbaren Zeichen am kleinsten sind,
- die Zahlen kleiner als die Buchstaben sind,
- die Großbuchstaben kleiner als die Kleinbuchstaben sind.

9.4 Extraktion von Zeichen oder Teilstrings

Häufig geht es aber nur darum, ein Zeichen oder eine Teilzeichenkette an einer bestimmten Position innerhalb der Zeichenkette zu extrahieren. Dabei muss beachtet werden, dass (wie bei Arrays auch) die Zählung der Zeichen bei 0 beginnt.

Die folgenden Methoden übernehmen diese Aufgaben:

- `substring(i,j):String` gibt die Zeichenkette von der Position i bis zur Position j-1 zurück (und nicht, wie vielleicht erwartet, bis j).
- `substring(i):String` gibt die Zeichenkette von der Position i bis zum Ende der Zeichenkette zurück. Die Methode verhält sich erwartungskonform und liefert die Zeichen von der Position i bis zum Ende.
- `charAt(i):char` gibt das Zeichen an der Position i zurück.

```
String s = "Hallo Welt";
System.out.println(s.charAt(1)); // → 'a'                    ①
System.out.println(s.substring(0, 5)); // → "Hallo"          ②
System.out.println(s.substring(6)); // → "Welt"              ③
```

Listing 38: Extraktion eines Zeichens und einer Teilzeichenkette

[1] Das Zeichen an der Position 1 wird ermittelt.

[2] Die Zeichenkette von der Position von 0 bis 4 wird zurückgegeben – der zweite Index muss dazu um eins höher sein, also 5.

[3] Die Zeichenkette ab der Position 6 bis zum Ende wird zurückgegeben.

9.5 Umwandeln von Strings

Eine lästige, aber häufige Aufgabe ist die Entfernung von Leerzeichen zu Beginn und am Ende des Wortes oder des Satzes. Hierfür bietet sich die Methode `trim` an, die das automatisch erledigt und eine bereinigte Version der Zeichenkette als Rückgabewert liefert (das ursprüngliche Original wird also nicht verändert).

```
String s = "    Hallo Welt        ";
System.our.println(s.trim()); // → "Hallo Welt"
```

Listing 39: Bereinigung von führenden oder folgenden Leerzeichen bei einer Zeichenkette

Zwei weitere nützliche Methoden sind `toLowerCase` und `toUpperCase`, die alle Buchstaben der Zeichenkette in die Klein- oder Großschreibung überführt.

```
String s = "Hallo Welt";
System.out.println(s.toLowerCase()); // → "hallo welt"   ①
System.out.println(s.toUpperCase()); // → "HALLO WELT"   ②
```

Listing 40: Umwandlung einer Zeichenkette in Klein- und Großbuchstaben

[1] Umwandlung in Kleinbuchstaben mittels `toLowerCase()`.

[2] Umwandlung in Großbuchstaben mittels `toUpperCase()`.

Eine letzte nützliche Methode ist `split(String delimiter): String[]`. Diese Methode, angewandt auf einen String, teilt den String überall dort auf, wo der `delimiter` auftritt. Ergebnis ist ein Array mit den entstandenen Teilstrings.

9.6 Umwandlung von elementaren Datentypen in Strings

Die Umwandlung eines einfachen Datentyps, z.B. einer Zahl in die entsprechende Zeichenkette, ist eine typische Aufgabe und wird von der statischen Methode `valueOf` der Klasse `String` für alle einfachen Datentypen übernommen, da sie eine mehrfach überladene Methode ist.

Für die umgekehrte Richtung, d.h. die Umwandlung des Inhalts einer Zeichenkette in den entsprechenden einfachen Datentyp gibt es jeweils eine Methode der zugehörigen Wrapper-Klasse. Die Wrapper-Klasse existiert für jeden einfachen Datentyp und verfügt über eine statische `parse`-Methode, welche die Umwandlung vornimmt.

Eine Übersicht der Wrapper-Klassen und der entsprechenden parse-Methoden findet sich im folgenden Absatz. Zur Systematik der Benennung sei noch kurz darauf hingewiesen, dass die Wrapper-Klasse in der Regel so wie der einfache Datentyp heißt (Ausnahme: Integer), aber – gemäß der Java-Konvention – mit einem Großbuchstaben beginnt und der Name der parse-Methode aus parse und dem entsprechenden Datentyp besteht.

Einfacher Datentyp	**Aufruf der Wrapper-Klasse mit parse-Methode für einen String s**
`boolean`	`Boolean.parseBoolean(s)`
`byte`	`Byte.parseByte(s)`
`short`	`Short.parseShort(s)`
`int`	`Integer.parseInt(s)`
`long`	`Long.parseLong(s)`
`float`	`Float.parseFloat(s)`
`double`	`Double.parseDouble(s)`

Tab. 11: Übersicht Wrapper-Klassen und parse-Methoden

```
String iStr = String.valueOf(1);         ❶
String bStr = String.valueOf(true);      ❷
String cStr = String.valueOf('a');       ❸

try{
    String s ="1234";
    int i = Integer.parseInt(s);         ❹
} catch (NumberFormatException e){
    System.out.println("Fehler aufgetreten");
}
```

Listing 41: Umwandlung von einem elementaren Datentyp in einen String (und umgekehrt)

[1] Umwandlung einer ganzen Zahl in einen String.

[2] Umwandlung eines Booleschen Wertes in einen String.

[3] Umwandlung eines Zeichens in einen String.

[4] Umwandlung eines Strings in eine ganze Zahl.

9.7 Verarbeitung von Zeichenketten mit der Klasse StringBuilder

Für die Erzeugung eines `StringBuilder`-Objekts muss bereits eine Zeichenkette vorliegen, die dann in einen `StringBuilder` umgewandelt wird. Ein `StringBuilder`-Objekt wird wie üblich durch den new-Operator und einem Konstruktor mit dem String erzeugt. Der ursprüngliche String wird kopiert und bleibt selbst unverändert, z.B.:

```
StringBuilder sb = new StringBuilder("Hallo Welt");
```

Listing 42: Erzeugung eines `StringBuilder`-Objekts

In der Regel müssen die Inhalte eines `StringBuilders` wieder in den Typ `String` umgewandelt werden, um weiter im Programm verwendet zu werden, da die meisten anderen Methoden nur Variablen der Klasse `String` bearbeiten können. Hierfür wird die bekannte `toString()`-Methode verwendet.

```
StringBuilder sb = new StringBuilder("Hallo Welt");
String s = sb.toString();
System.out.println(s); // → "Hallo Welt"
```

Listing 43: Rückgabe des Inhalts eines StringsBuilders-Objekts als String

Die beiden wichtigsten Funktionen der Klasse `StringBuilder` sind das gezielte Löschen und Einfügen einzelner Zeichen oder einer Teilzeichenkette aus oder in der vorliegenden Zeichenkette.

Für die Löschung von Zeichen sind die beiden folgenden Methoden verantwortlich:

- `deleteCharAt(i)`: löscht *ein* Zeichen an der Position i
- `delete(i, j)`: löscht alle Zeichen von der Position i bis j (inklusive)

```
StringBuilder sb = new StringBuilder("Hallo Welt");
sb.deleteCharAt(5);
System.out.println(sb.toString()); // → "HalloWelt"
sb.delete(0,5);
System.out.println(sb.toString()); // → "Welt"
```

Listing 44: Löschung einzelner oder mehrerer Zeichen

Beim Einfügen von Zeichen sind zwei Methoden zu unterscheiden:

- `append(s)`: das Einfügen eines Strings oder elementaren Datentyps am Ende der Zeichenkette
- `insert(i, s)`: das Einfügen eines Strings oder elementaren Datentyps an der der Position i *innerhalb* der Zeichenkette

```
sb.append("!");
System.out.println(sb.toString()); // → "Welt!"
sb.insert(0, "Hallo ");
System.out.println(sb.toString()); // → "Hallo Welt!"
```

Listing 45: Einfügung einzelner Zeichen (Fortsetzung von Listing 44)

Beide Methoden erlauben dabei sowohl die Einfügung einfacher Datentypen als auch ganzer Zeichenketten.

9.8 Fragen

Die Lösungen befinden sich am Ende des Buchs.

Welche Klasse hat eine unveränderliche Zeichenkette?

☐ `string`

☐ `String`

☐ `StringBuilder`

☐ `StringBuffer`

Welche Methode greift auf ein einzelnes Zeichen zu?

☐ `char`

☐ `getChar`

☐ `charAt`

☐ `getCharAt`

Was ist das Problem von == bei Zeichenketten?

☐ Prüfung auf Identität der Referenzen (Objekte)

☐ Prüfung auf inhaltliche Gleichheit

☐ nur anwendbar bei Zahlen

☐ liefert einen Booleschen Rückgabewert

Auf was ist beim Zugriff mit `substring` zu achten?

☐ es wird eine Zeichenkette zurückgegeben

☐ die Zählung beginnt mit 0

☐ bei zwei Parametern, *beginn* und *ende*, werden nur die Zeichen von *beginn* bis zu *ende*-1 ausgegeben

☐ bei nur einem Parameter, *beginn*, werden die Zeichen von *beginn* bis zum Ende der Zeichenkette ausgegeben

Was ist die Besonderheit der compareTo-Methode?

☐ es gibt keine

☐ lexikalischer Vergleich

☐ drei mögliche Rückgabewerte

☐ Boolescher Rückgabewert

Wie wird ein einfacher Datentyp in eine Zeichenkette umgewandelt?

☐ mit der *parse*-Methode und der Wrapper-Klasse

☐ mittels Zuweisung

☐ mit der *valueOf*-Methode

☐ mit der *value*-Methode

☐ mittels Casting

Was sind die zwei wesentlichen Funktionen der Klasse StringBuilder?

☐ Löschung von Zeichen

☐ Einfügung von Zeichen

☐ Suche innerhalb der Zeichenkette

☐ Umwandlung der Zeichenkette in einfache Datentypen

Schritt 10:

Lineare Datenstrukturen

Lernhinweise und Prüfungstipps

Was erwartet mich in diesem Kapitel?

Java bietet einfach zu nutzende Klassen für die Umsetzung linearer Datenstrukturen, z.B. Listen, Schlangen oder Stacks, an, die für große Datenmengen effizient implementiert sind und bereits über viele nützliche Methoden verfügen.

Welche Schlagwörter lerne ich kennen?

■ Collection ■ Iterator ■ Liste, List, ArrayList, LinkedList ■ Menge, Set, HashSet ■ Schlange, Queue, Deque ■ Keller, Stapel, Stack ■ Assoziationsliste, Map, HashMap, TreeMap

Wofür benötige ich dieses Wissen?

Anwendungen benötigen flexible und leistungsfähige Datenstrukturen, um die zu bearbeitenden Daten abzuspeichern. Aus diesem Grund ist es sehr wichtig, die verfügbaren Java-Klassen zu kennen und anwenden zu können.

Welchen Prüfungstipp kann ich aus diesem Abschnitt ziehen?

Typische Prüfungsfragen zielen oft auf die Unterschiede zwischen einzelnen Datenstrukturen ab und fokussieren sich auf die praxisrelevanten Methoden.

Lineare Datenstrukturen zeichnen sich durch ihre sequentielle Anordnung aus und sie erlauben es, Daten und Objekte

- zu speichern,
- auszulesen,
- einzufügen,
- zu löschen und
- zu verwalten.

Bislang wurden nur Arrays als *eine* mögliche Form einer linearen Datenstruktur besprochen, wobei diese jedoch eine Reihe von Nachteilen hat:

- Die Größe des Arrays wird zu Beginn festgelegt und kann anschließend, d.h. zur Laufzeit des Programms, nicht mehr geändert werden.
- Das Einfügen oder das Löschen von Elementen innerhalb des Arrays ist vergleichsweise aufwändig, weil alle Arrayelemente verschoben werden müssen und aus Leistungsgründen typischerweise Elemente am Ende des Arrays eingefügt oder gelöscht werden.
- Das Array verfügt – abgesehen vom direkten Zugriff – leider über keine weiteren Funktionen, wie z.B. die Sortierung oder die Suche nach einzelnen Werten. Jede weitere Funktionalität muss also selbst implementiert, getestet und gewartet werden, statt kostengünstig auf Standardklassen zurückzugreifen.

Aus den oben genannten Gründen gibt es bessere Alternativen in Java, die in den folgenden Abschnitten vorgestellt werden. Hierzu werden zuerst ein Gesamtbild und die Grundlagen der Datenstrukturen vermittelt. Anschließend werden für jede einzelne Datenstruktur die passenden Klassen und Interfaces in Java im Detail vorgestellt und jeweils anhand eines Beispiels erörtert.

10.1 Überblick

Java unterstützt die folgenden Datenstrukturen, indem es hierfür passende Klassen und Interfaces anbietet:

- Liste (List)
- Menge (Set)
- Schlange (Queue)
- Keller (Stack)
- Assoziationsliste (Map)

Die linearen Datenstrukturen werden durch eine Reihe von Interfaces, abstrakten und konkreten Klassen, in Form des sog. *Java Collection Frameworks* implementiert. Die prinzipielle Struktur wird in der folgenden Abbildung dargestellt.

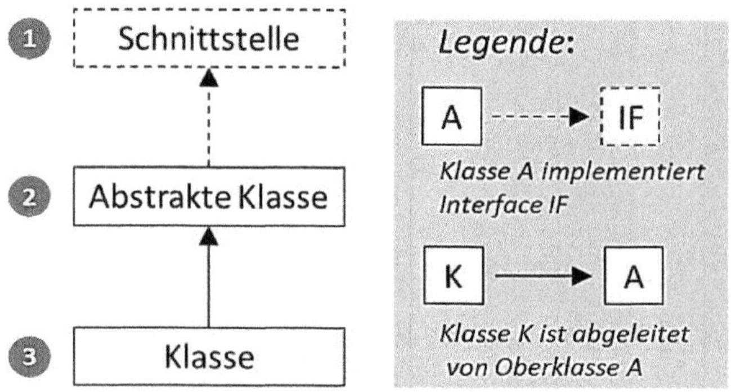

Abb. 5: Konzept des Java Collection Frameworks

[1] Die grundlegenden Schnittstellen einer Datenstruktur werden in einem Interface definiert. Die Namensgebung der Interfaces wie z.B. `Collection`, `List`, `Queue`, `Map` oder `Set` zeigt, dass zu jeder Datenstruktur auch ein Interface passt.

[2] Die abstrakten Klassen, z.B. `AbstractCollection`, `AbstractList`, `AbstractQueue`, implementieren allgemeine Funktionen der jeweiligen Interfaces.

[3] Konkrete Klassen, z.B. `ArrayList` oder `LinkedList`, die von den abstrakten Klassen abgeleitet werden, sind die eigentliche Implementierungen der jeweiligen Collection.

Die wesentlichen differenzierenden Eigenschaften der einzelnen Datenstrukturen sind, abgesehen von den Klassen und Interfaces,

- der Zugriffsort,
- die Bewahrung der Eingabereihenfolge und
- das einfache oder mehrfache Vorkommen

der Elemente.

Unter Zugriffsort ist die Position der Elemente der Datenstrukturen zu verstehen, die für das Einfügen, Löschen und Lesen von Elementen verfügbar ist. Zum Beispiel kann bei einer *Liste* auf jede Position zugegriffen werden, beim *Keller* ist nur das Ende verwendbar.

Die Bewahrung der Eingabereihenfolge bedeutet, dass die Datenstruktur explizit die Elemente in derselben Ordnung beibehält, wie sie eingegeben wurden. Dies ist z.B. bei der *Liste* der Fall, bei einer *Menge* hingegen nicht.

Die wesentlichen Eigenschaften der zu diskutierenden Datenstrukturen werden in der folgenden Tabelle kurz zusammengefasst.

Name	Interface	Klasse	Zugriff	Bewahrung der Eingabe-reihenfolge
Collection	`Collection`	-	sequentiell	nein
Menge	`Set`	`HashSet`, `TreeSet`	sequentiell	nein
Liste	`List`	`ArrayList`, `LinkedList`	Indizierung (überall)	ja
Schlange	`Queue`, `Deque`	`LinkedList`	am Kopf, Ende	ja
Keller	`Deque`	`LinkedList`	Ende	umgedreht bei Ausgabe
Assoziations-liste	`Map`	`HashMap`, `TreeMap`	indirekt	nein

Tab. 12: Übersicht der Datenstrukturen[17]

Vom grundlegenden Interface `Collection` werden z.B. die Interfaces `List`, `Set`, `Deque`, `Queue` abgeleitet (d.h. es ist ein sog. Super-Interface). Es hat kein direktes Pendant in Form einer Klasse, es definiert einen sequentiellen Zugriff auf die gespeicherten Elemente und es sichert nicht notwendigerweise die Eingabereihenfolge zu.

Die Liste benutzt das Interface `List`, sie wird von den Klassen `ArrayList`, `LinkedList` implementiert und sie unterscheidet sich von der `Collection` dadurch, dass sie Positionen hat, so dass (1) jedes Element indiziert wird, somit direkt zugreifbar ist, und (2) die Eingabereihenfolge beibehalten wird. Die Liste bietet die größten Freiheiten an, nämlich den direkten Zugriff auf alle Positionen.

Die Schlange hat zwei Interfaces: `Queue` und `Deque` (**D**ouble **E**nded **Que**ue), für die einfache und die doppelte Schlange, die beide von der Klasse `LinkedList` implementiert werden. Die einfache Schlange, beschrieben durch `Queue`, bietet das Lesen und Löschen nur am Kopf und das Einfügen nur am Ende an. Bei der doppelten Schlange, `Deque`, sind Lesen, Löschen und Einfügen sowohl am Kopf als auch am Ende möglich.

Der Keller wiederum stellt eine Einschränkung der Schlange, dar, indem nur auf das Ende zugegriffen wird und sich die Reihenfolge der eingegebenen Elemente umdreht.

---

[17] Die in Java existierenden Klassen `Vector` und `Stack` waren ursprünglich als Implementierung der *Liste* und des *Kellers* gedacht. Sie sind inzwischen nicht mehr relevant und verbleiben nur aus Kompatibilitätsgründen in der Java Standard Edition.

Die Assoziationsliste basiert *nicht* auf der Collection. Sie wird durch das Interface Map beschrieben und von den Klassen HashMap und TreeMap implementiert, wobei ersteres unsortiert und letzteres sortiert ist. In beiden Fällen erfolgt der Zugriff durch die der Assoziation (bestehend aus Schlüssel und Wert) zugrundeliegenden Hashfunktion, so dass nur ein indirekter Zugriff vorliegt. Die Eingabereihenfolge wird im ersten Fall nicht bewahrt und im zweiten Fall bewusst verändert, da die Elemente sortiert werden (müssen).

10.2 Typisierung von Collections

Ein wesentlicher Punkt bei der Definition einer Datenstruktur ist die Festlegung des Typs (analog zu der Typisierung von Arrays). Bei der Deklaration einer Java-Klasse, die eine Datenstruktur implementiert, muss der Typ der Elemente angegeben werden.

Die Instanz einer Datenstruktur wird typisiert, indem bei der Deklaration und der Initialisierung, der Typ, eingerahmt durch ein spitzes Klammernpaar, angegeben wird.

In dem nachfolgenden Beispiel wird durch den Ausdruck <String> festgelegt, dass sowohl das Interface als auch die zugehörige Instanz der Klasse LinkedList vom Typ String sind:

List<String> meineListe = new LinkedList<>()[18].

Die Typisierung der Elemente einer Datenstruktur hat den großen Vorteil, dass sowohl beim Einfügen als auch beim Lesen der Typ zur Übersetzungszeit geprüft wird. Dies hat zur Folge, dass

- kein Casting notwendig ist, wenn das Ergebnis des Lesezugriffs einer Variablen vom *selben* Typ zugewiesen wird, und dass
- auch Instanzen von *abgeleiteten Klassen* zugewiesen werden können, da sie auch die Eigenschaften und Methoden der deklarierten Klasse haben. Diese werden dann aber immer nur als Elemente der deklarierten Klasse behandelt.

Die Typisierung zieht sich durch alle Collection-Interfaces und -Klassen und wird allgemein durch das Suffix <T> oder <E> dargestellt, wobei T oder E für einen beliebigen Referenztyp steht, z.B. List<E>. Collections können nur Referenztypen enthalten. Möchte man einen elementaren Datentyp, wie z.B. byte, short, int, festlegen, greift man auf die entsprechenden Wrapper-Klassen, wie

---

[18] Ab Java Version 7 kann der sog. Diamond-Operator „<>“ verwendet werden, so dass es nicht mehr nötig ist, den Typ nochmals auf der rechten Seite zu wiederholen.

z.B. Byte, Short, Integer, zurück. In dem obigen Beispiel würde man also <Integer> verwenden, wenn man möchte, dass die Elemente vom Typ int sind.[19]

In dem obigen Beispiel wird die Variable meineListe als Variable vom Typ des Interfaces List definiert (auf der linken Seite steht der Ausdruck List <String> meineListe). Auf der rechten Seite muss dann die konkrete Implementierung angegeben werden (im Beispiel new LinkedList<>()). Somit wird sichergestellt, dass die Variable meineListe nur die Methoden des Interfaces List nutzt.

10.3 Das Interface Collection

Das Interface Collection steht im Mittelpunkt des Java Collection Frameworks, denn es bildet die Basis für viele weitere Interfaces und Klassen, wie z.B. List, Queue.

Anschließend erfolgt eine Zweiteilung: zum einen werden aus Collection weitere Interfaces, sog. Subinterfaces, z.B. List, Queue, Set, abgeleitet, und zum anderen, werden abstrakte Klassen, wie z.B. AbstractCollection, Abstract List, AbstractQueue, definiert, die die obigen Interfaces implementieren.

Auf der untersten Ebene werden die konkreten Klassen aufgeführt, die von den abstrakten Klassen abgeleitet sind und die die entsprechenden Interfaces implementieren. Die bekanntesten Klassen sind hierbei ArrayList, LinkedList, HashMap, TreeMap, HashSet und TreeSet.

In diesem Abschnitt wird das Interface Collection vorgestellt, die davon abgeleiteten Interfaces und deren implementierende Klassen werden in den nachfolgenden Abschnitten vorgestellt.

Das Interface Collection<T> erweitert das Interface Iterable<T>. Aus diesem Grund werden zunächst noch die Interfaces Iterable und Iterator (das immer mit Iterable zusammen auftritt) erläutert. Erst diese Schnittstellen erlauben es, eine Anordnung von Elementen zu durchlaufen, *ohne* dass deren Positionen bekannt sind.

Die Aufgabe des Interfaces Iterable<T> ist es, den Iterator eines bestimmten Typs T zu liefern und mit Hilfe dieses Iterators die Collection zu durchlaufen und so auf die einzelnen Elemente zuzugreifen. T ist dabei der Typ, der den die Collection speichert. Ein Iterator implementiert dabei das Interface Iterator. Tabelle 13 gibt einen Überblick über die definierten Methoden der beiden Interfaces.

---

[19] Die automatische Umwandlung der elementaren Datentypen in die entsprechende Wrapper-Klasse (und umgekehrt), z.B. von int nach Integer erfolgt durch das sog. Autoboxing.

Methodendefinition	Erläuterung
Interface `Iterable<T>`	
`iterator() : Iterator<T>`	Liefert einen Iterator.
Interface `Iterator<T>`	
`hasNext() : boolean`	Prüft, ob es noch ein weiteres Element gibt und liefert in diesem Fall den Wert `true`, sonst `false`.
`next() : T`	Gibt das nächste Element der Collection zurück.
`remove()`	Löscht das aktuelle Element.

Tab. 13: Übersicht der Methoden der Interfaces `Iterable` und `Iterator`

Der Iterator muss nicht direkt genutzt werden – seine Existenz erlaubt aber die Verwendung der erweiterten for-Schleife (→ Schritt 3). Ein Iterator kann aber auch direkt verwendet werden, wie das folgende Listing 46 zeigt:

```
Collection<String> c = new HashSet<>();        (1)
// Elemente zur Collection hinzufügen
...
Iterator<String> it = c.iterator();            (2)
while(it.hasNext()) {                          (3)
    System.out.println(it.next());             (4)
}
```

Listing 46: Schleife zur Nutzung eines Iterators

[1] Zunächst wird eine Collection `c` auf Strings definiert (in diesem Fall mit Hilfe der Klasse `ArrayList` (→ s.u.).

[2] Mit Hilfe der Methode `iterator()` wird der (vordefinierte) Iterator diese Collection erhalten und der Variablen `it` zugewiesen.

[3] Vor Eintritt in die `while`-Schleife wird geprüft, ob es noch ein weiteres, noch nicht besuchtes Element in `c` gibt.

[4] Falls ja, geht der Iterator zum nächsten Element weiter und dieses wird dann ausgegeben.

Die vier wichtigsten Funktionalitäten einer Datenstruktur sind (1) das Einfügen, (2) das Entfernen und (3) das Lesen von Elementen und (4) die Prüfung auf Vorhandensein, was durch die Methoden `add(...)`, `remove(...)`, `iterator()` und `contains(...)` umgesetzt wird. Zusätzlich sind die folgenden Methoden möglich:

- Das Einfügen von einzelnen oder mehreren Elementen kann über `add()` bzw. `addAll()` erfolgen.
- Das Entfernen aller Elemente aus der Collection kann über `clear()`, die gezielte Löschung einzelner Elemente bzw. mehrerer Elemente hingegen wird durch `remove()` bzw. `removeAll()` ausgeführt.
- Der lesende Zugriff auf die Elemente der Collection wird durch die Methode `iterator()` ermöglicht, die das Interface Iterator implementiert und so die Durchquerung der Collection erlaubt.
- Die Prüfung, ob ein Element bzw. mehrere Elemente schon in der Collection vorhanden sind, wird durch die Methoden `contains()` bzw. `containsAll()` ausgeführt.

Tabelle 14 gibt eine Übersicht der Methoden der Schnittstelle `Collection`:

Methode	Erläuterung
add(E e) : boolean	Einfügen eines einzelnen Elements
addAll(Collection <E> c) : boolean	Einfügen einer ganzen Collection
clear()	Löschen der gesamten Collection
contains(Object o) : boolean	Prüfung, ob das Objekt bereits vorhanden ist
containsAll(Collection<E> c) : boolean	Prüfung, ob die Collection von Objekten bereits vorhanden ist
isEmpty() : boolean	Prüfung, ob die Collection leer ist
iterator() : Iterator<E>	Erzeugt einen Iterator, der es erlaubt die Collection zu durchlaufen.
remove(Object o) : boolean	Entfernen eines vorhandenen Objekts
removeAll(Collection <E> c) : boolean	Entfernen aller Objekte aus der Collection, die als Parameter übergeben werden
size() : int	Anzahl der Elemente der Collection
toArray(T[] a) : T[]	Die Elemente der Collection werden in einem Array (das dem Typ des übergebenen Arrays entspricht) zurückgegeben. Passen sie in das übergebene Array wird das verwendet, ansonsten wird ein neues erzeugt.

Tab. 14: Übersicht der Methoden des Interfaces Collection

Die Schnittstelle `Collection` garantiert die Bewahrung der Eingabereihenfolge nicht, d.h. es kann nicht davon ausgegangen werden, dass diese Sequenz der eingegebenen Elemente so bewahrt bleibt. Auf die Elemente kann nur mittels eines Iterators zugegriffen werden. Erst das Unterinterface `List` definiert die Methoden, die eine Indizierung erlauben und garantiert damit eine feste Reihenfolge.

10.4 Die Liste / List

Die lineare Datenstruktur Liste basiert auf der Idee, dass *alle* Elemente *hintereinander* angeordnet sind und jedes über eine *eindeutige* Position, den Index, verfügt.

Über diesen Index können Werte gelesen oder geschrieben werden (vergleichbar einem Array). Wie bei Arrays beginnt auch hier die Indizierung bei 0.

Die Datenstruktur **Liste** zeichnet sich dadurch aus, dass die Elemente in einer *sequentiellen* Reihenfolge angeordnet sind und mittels Index ein *direkter* Zugriff auf *jedes* Element möglich ist. Elemente können an jeder Position gelesen, geschrieben, gelöscht oder hinzugefügt werden. Die Reihenfolge der Elemente wird bewahrt.

Der Zusammenhang zwischen den Interfaces, abstrakten und konkreten Klassen für die Datenstruktur Liste ist wie folgt:

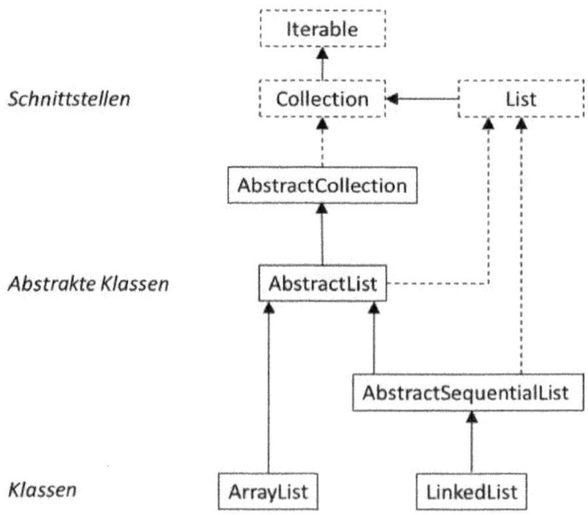

Abb. 6: Ableitungen der Klassen und Interfaces für die Datenstruktur *Liste*[20]

[20] In der Java-Klassenbibliothek werden `List` und `AbstractCollection` zusätzlich explizit von `Iterable` abgeleitet – dies ist nicht notwendig, da beide von `Collection` abgeleitet werden und

- Das Interface `List` wird von dem Interface `Collection` abgeleitet.
- Von der abstrakten Klasse `AbstractCollection` wird die abstrakte Klasse `AbstractList` abgeleitet. Von diese die konkrete Klasse `ArrayList`.
- Von der `AbstractList` wird die AbstractSequentialList und schließlich die `LinkedList` abgeleitet.

Neben den bereits definierten Methoden des Interfaces `Collection` bietet `List` die folgenden, *zusätzlichen* Methoden, die in der folgenden Tabelle, einer Übersicht von `List`, kurz zusammengefasst sind:

Methode	**Erläuterung**
`add(int index, E element) : boolean`	Hinzufügen eines Objekts an der Position *index*
`addAll(int index, Collection <? extends E> c)`	Hinzufügen einer Sammlung von Elementen an der Position *index*[21]
`get(int index) : E`	Rückgabe des Objekts an der Position *index*
`indexOf(E element) : int`	Rückgabe der (ersten) Position des Elements.
`remove(int index) : E`	Entfernen des Objekts an der Position *index*
`set(int index, E element) : E`	Ersetzen des Objekts an der Position *index*
`subList(int fromIndex, int toIndex) : List <E>`	Rückgabe einer Liste von den Positionen *fromIndex* bis *toIndex*

Tab. 15: Zusätzliche Methoden des Interfaces `List`

Das Interface `List` ergänzt die Collection um Methoden, die dank der Indizierung den Zugriff auf *eine Position* erlauben, dabei kann es sich um einen lesenden, schreibenden oder löschenden Zugriff handeln.

- List bietet deshalb die bereits von Collection bekannten Methoden zum Einfügen (`add()`, `addAll()`) und Löschen (`remove()`) an, diese sind jedoch um den Parameter index erweitert, der festlegt, wo die Elemente eingefügt bzw. gelöscht werden sollen.
- Die Methode `get(index)` ist neu, denn sie erlaubt den Zugriff des Elements an der Position index.

---

indirekt damit auch von `Iterable` abgeleitet werden. Wir verzichten deshalb auf die Darstellung dieser zusätzlichen Beziehungen in dieser und den folgenden Abbildungen.

[21] Der Ausdruck `<? extends E>` bedeutet, dass die Objekte der Collection von der Klasse E oder davon abgeleiteten Klassen sein können.

- Außerdem kann mittels `set(index)` an der Position *index* das aktuelle Element durch ein neues Element ersetzt werden.
- Weiterhin ist es möglich, sich eine Teilliste durch `sublist (fromIndexto Index)` berechnen zu lassen, die von den Positionen *fromIndex* bis *toIndex* die Elemente zusammenstellt.

Die abstrakte Klasse `AbstractList` implementiert das Interface `List` und leitet daraus die beiden konkreten Klassen `ArrayList` und `LinkedList` ab. Diese unterscheiden sich also *nicht* im Verhalten der Methoden des Interfaces `List`, sondern

- in der *Form* der Implementierung: bei `ArrayList` liegt ein Array, bei `LinkedList` eine verzweigte Liste zugrunde,
- im *Umfang* der Schnittstellen: `LinkedList` implementiert neben *List* noch weitere Interfaces, z.B. `Queue` oder `Deque` (dies sind die Interfaces für eine einfache bzw. doppelte Schlange).

> Java bietet mit **ArrayList** und **LinkedList** zwei konkrete Klassen an, basierend auf den Interfaces **List** und **Collection**. Es handelt sich also um zwei unterschiedliche Implementierungen der Datenstruktur Liste.

Das folgende Beispiel verdeutlicht die Nutzung der verschiedenen Methoden einer `List`.

```
import java.util.LinkedList;
import java.util.List;

public class ListenVerwendung {

    public static void main(String[] args) {
        List<String> liste = new LinkedList<>();                      ❶
        // Aufbau der Liste
        liste.add("a");liste.add("b");liste.add("c");                 ❷
        System.out.println(liste); // → [a, b, c]                     ❸
        // Zugriff auf die Elemente der Liste
        System.out.println(liste.get(1)); // → b                      ❹
        System.out.println(liste.contains("b")); // → true            ❺
        System.out.println(liste.indexOf("c")); // → 2                ❻
        liste.remove("c"); // Löschen eines Elements                  ❼
        liste.clear(); // Löschen der Liste                           ❽
        System.out.println(liste.isEmpty()); // → true                ❾
    }
}
```

Listing 47: Eine Liste basierend auf `LinkedList`

- Eine Variable `liste` vom Typ `List` wird deklariert und mittels `new` wird eine Instanz von `LinkedList` erzeugt.
- Die Liste wird aufgebaut, indem die `add`-Methode mehrfach aufgerufen wird.
- Die Liste wird ausgegeben: [a, b, c] (die implizit aufgerufene `toString`-Methode der Liste führt zu dieser Formatierung)
- Der Zugriff auf die Position 1 erfolgt mittels `get(1)`.
- Das Vorhandensein des Elements b wird mittels `contains("b")` geprüft.
- Die Position des Elements c wird über `indexOf("c")` ermittelt.
- Anschließend wird c aus der Liste mittels `remove("c")` entfernt.
- Abschließend wird die Liste durch `clear()` vollständig gelöscht.
- Mit `isEmpty()` wird schließlich geprüft, ob sie leer ist.

10.5 Die Menge / Set

Die Datenstruktur der Menge ist aus der Mathematik bekannt. Sie gehört ebenfalls zu den linearen Datenstrukturen. Im Unterschied zur Liste ist kein direkter Zugriff über die Position des Elements möglich und es wird vorausgesetzt, dass jedes Element nur einmal vorkommt.

Aufgrund der fehlenden Indizierung der Elemente der Menge müssen zur Bearbeitung alle Elemente durchlaufen werden. Ansonsten sind die üblichen Methoden zum Einfügen und Löschen von Elementen sowie zum Test auf das Vorhandensein verfügbar.

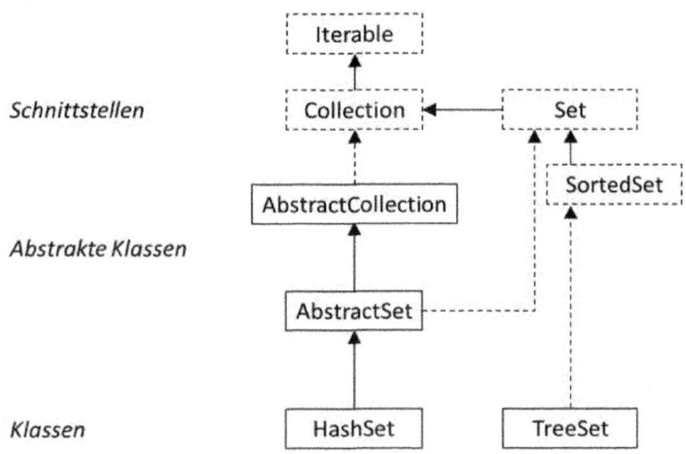

Abb. 7: Ableitungen der Klassen und Interfaces für die Datenstruktur Menge

Die lineare Datenstruktur **Set** setzt voraus, dass (1) jedes Element nur einmal existiert und (2) es existiert keine Indizierung des Elements, d.h. es existieren keine festen Positionen für Elemente.

Die Datenstruktur Menge basiert in Java auf dem Interface `Set`,

- das von den Interfaces `Collection` und `Iterable` begleitet ist,
- das in der abstrakten Klasse `AbstractSet` und
- der konkreten Klasse `HashSet` umgesetzt wird.

Die einzige Erweiterung zwischen dem Interface `Set` zur `Collection` besteht darin, dass im `Set` noch zusätzlich die Methode `retainAll` definiert wird:

Methode	**Erläuterung**
`retainAll(Collection<?> c): boolean`	Entfernung der Elemente, die nicht in der Collection c aufgeführt sind

Tab. 16: Zusätzliche Methode des Interfaces `Set`

Das folgende Beispiel zeigt die Nutzung des Interfaces `Set`. Dabei wird als Implementierung die Klasse `HashSet` verwendet:

```
import java.util.HashSet;
import java.util.Iterator;
import java.util.Set;

public class SetVerwendung {

    public static void main(String[] args) {
        Set<String> menge = new HashSet<>();                          ❶
        menge.add("a"); menge.add("b"); menge.add("c");               ❷
        menge.add("a");                                               ❸
        Iterator<String> it = menge.iterator();
        while(it.hasNext()) {
             String s = it.next()                                     ❹
             System.out.println(s);
        }
        for(String s : menge){
             System.out.println(s);                                   ❺
        }
        System.out.println(menge.contains("b")); // → true            ❻
        menge.remove("c"); // Löschen eines Elements                  ❼
        menge.clear(); // Löschen der Menge                           ❽
    }
}
```

Listing 48: Nutzung der Klasse `HashSet`

[1] Die Variable menge wird durch die Klasse HashSet instantiiert und für das Interface Set deklariert.

[2] Die Elemente a, b und c werden der Menge hinzugefügt.

[3] Es wird versucht, a erneut hinzuzufügen – für ein Set ist dies nicht möglich.

[4] Anschließend wird die Menge menge per Iterator durchlaufen. und jedes Element wird angezeigt. Zuerst wird der Iterator für menge von der Klasse HashSet erzeugt. Bevor die while-Schleife betreten wird, wird geprüft ob menge noch ein weiteres Element besitzt. Falls ja, geht der Iterator zum nächsten Element weiter, das dann ausgegeben wird.

[5] Alternativ wird die Menge mit einer (äquivalenten) for-each-Schleife durchwandert.

[6] Es wird geprüft, ob b in der Menge vorhanden ist.

[7] Das Element c wird aus der Menge entfernt.

[8] Abschließend wird die vollständige Menge geleert.

10.6 Die Schlange / Queue

Die nächste Datenstruktur ist die einfache Schlange. Typische Beispiele für diese Datenstruktur sind die Drucker- oder Warteschlange eines Betriebssystems. Im Unterschied zur Liste kann bei der Datenstruktur Schlange nur auf die erste und letzte Position zugegriffen werden.

> Die Datenstruktur **einfache Schlange** zeichnet sich dadurch aus, dass es sich um eine lineare Datenstruktur handelt, bei der nur das Element an der *ersten Position* (d.h. am Anfang) gelesen oder gelöscht werden darf und ein neues Element nur an der *letzten Position* (d.h. am Ende) hinzugefügt werden darf.

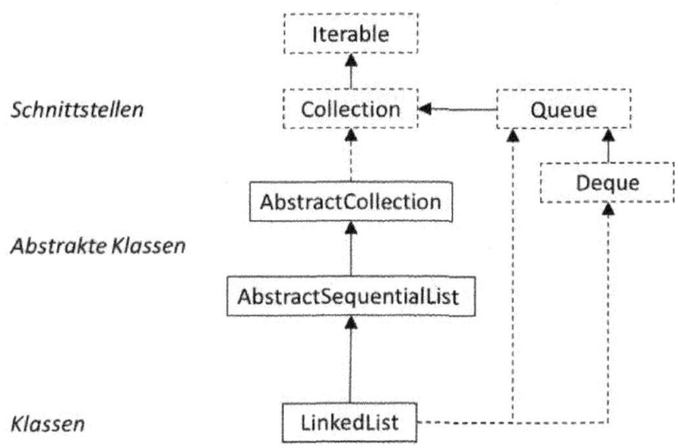

Abb. 8: Ableitungen der Klassen und Interfaces für die Datenstruktur Schlange

Die Datenstruktur einfache Schlange basiert in Java auf dem Interface `Queue`,

- das vom Interface `Collection` abgeleitet ist,
- das in der abstrakten Klasse `AbstractQueue` und
- der konkreten Klasse `LinkedList` umgesetzt wird.

Neben den bereits definierten Methoden des Interfaces `Collection` bietet `Queue` die folgenden *zusätzlichen* Methoden, die in der folgenden Tabelle kurz zusammengefasst sind:

Methode	Erläuterung
`add(E element) : boolean`	Hinzufügen des Elements am Ende die Schlange
`remove() : E`	Lesen und Entfernen des Elements am Anfang der Schlange
`element() : E`	Lesen des Elements am Anfang der Schlange

Tab. 17: Zusätzliche Methoden des Interfaces `Queue`

Die Zugriffe beschränken sich also auf die erste und letzte Position, den Anfang und das Ende der Schlange. Die oben aufgeführten Methoden werfen im Fehlerfall (z.B. beim Lesen aus einer leeren Schlange) eine Exception. Alternativ gibt es weitere Methoden, die in diesem Fall `true` oder `null` zurückgeben.

Das folgende Beispiel verdeutlicht die Umsetzung der einfachen Schlange basierend auf der Klasse `LinkedList`.

```
import java.util.LinkedList;
import java.util.Queue;

public class QueueVerwendung {

    public static void main(String[] args) {
        Queue<String> schlange = new LinkedList<>();          ①

        // Aufbau der Schlange
        schlange.add("a"); schlange.add("b");
        schlange.add("c");                                    ②

        System.out.println(schlange); // → [a, b, c]          ③

        // Zugriff auf die Elemente der Schlange
        System.out.println(schlange.element()); // → a        ④

        String s = schlange.remove();
        System.out.println(s); // a                           ⑤

        System.out.println(schlange); // → [b, c]             ⑥
    }
}
```

Listing 49: Eine einfache Schlange, basierend auf `LinkedList`

[1] Die Variable `schlange` wird erzeugt

[2] Die Schlange wird über die Aufrufe der `add`-Methode aufgebaut.

[3] Die Schlange wird ausgegeben: `[a, b, c]`

[4] Der Anfang der Schlange wird über `element()` angezeigt.

[5] Anschließend wird der Anfang mittels `remove()` gelöscht, zurück geliefert und das Ergebnis angezeigt.

[6] Die Schlange wird erneut ausgegeben und liefert `[b, c]`

Neben der einfachen Schlange gibt es als Weiterentwicklung auch die doppelte Schlange, bei der *wahlweise* am Anfang oder am Ende Elemente gelesen, gelöscht oder hinzugefügt werden. Der Entwickler ist selbst für die Beibehaltung der inhaltlichen Integrität der Daten verantwortlich.

Die Datenstruktur **doppelte Schlange** zeichnet sich dadurch aus, dass es sich um eine lineare Datenstruktur handelt, bei der sowohl das Element an der *ersten Position* (d.h. am Anfang) oder an der *letzten Position* (d.h. am Ende) gelesen, gelöscht oder ein neues Element hinzugefügt werden darf.

Der Unterschied besteht darin, dass

- am Anfang zusätzlich Elemente hinzugefügt werden können,
- am Ende *zusätzlich* Elemente gelesen oder gelöscht werden können.

Dies bedeutet, dass bei einer doppelten Schlange also sowohl am Anfang als auch am Ende dieselben Methoden ausgeführt werden können, d.h. zum Lesen, Hinzufügen und Löschen von Elementen.

Die Datenstruktur doppelte Schlange basiert in Java auf dem Interface `Deque` (= **D**ouble **E**nded **Que**ue),

- das vom Interface `Collection` abgeleitet ist und
- der konkreten Klasse `LinkedList` umgesetzt wird.

Eine Übersicht der Methoden von `Deque` findet sich in der folgende Tabelle (wobei hier nur die zusätzlichen Methoden zum Interface `Queue` aufgeführt werden):

Methode	Erläuterung
`addFirst(E element) : boolean`	Hinzufügen des Elements am Anfang der Schlange
`removeFirst() : E`	Entfernen des Anfangs der Schlange
`getFirst() : E`	Lesen des Anfangs der Schlange
`addLast(E element) : boolean`	Hinzufügen des Elements am Ende der Schlange
`removeLast() : E`	Entfernen des Elements am Ende der Schlange
`getLast() : E`	Lesen des Elements am Ende der Schlange

Tab. 18: Zusätzliche Methoden des Interfaces `Deque` für die doppelte Schlange

Das folgende Beispiel zeigt die Umsetzung der doppelten Schlange basierend auf der Klasse `LinkedList`.

```
import java.util.Deque;
import java.util.LinkedList;

public class DequeVerwendung {

    public static void main(String[] args) {
        Deque<String> schlange = new LinkedList<>();                      ①
        // Aufbau der Schlange
        schlange.addFirst("a");schlange.addLast("b");                     ②
        schlange.addLast("c");
        System.out.println(schlange); // → [a, b, c]                      ③
        // Zugriff auf die Elemente der Schlange
        System.out.println(schlange.getFirst()); // → a                   ④
        System.out.println(schlange.getLast());  // → c                   ⑤
        String s1 = schlange.removeFirst();
        System.out.println(s1 + " " + schlange); // → a [b, c]            ⑥
        String s2 = schlange.removeLast();
        System.out.println(schlange + " " + s2); // → [b] c               ⑦
    }
}
```

Listing 50: Eine doppelte Schlange, basierend auf `LinkedList`

[1] Die Variable `schlange` wird als eine Instanz der Klasse `LinkedList` definiert und auf das Interface `Deque` festgelegt.

[2] Die Zeichenketten a, b und c werden hinzugefügt.

[3] Die Schlange wird ausgegeben.

[4] Das Element am *Anfang* wird gelesen.

[5] Das Element am *Ende* wird gelesen.

[6] Das Element am *Anfang* wird entfernt; das Element und die verbleibende Schlange werden ausgegeben.

[7] Das Element am *Ende* wird gelöscht; die verbleibende Schlange und das Element werden ausgegeben.

10.7 Der Keller / Stapel / Stack

Die lineare Datenstruktur Stack (auch Keller oder auch Stapel) schränkt den Zugriff auf die erste Position ein. Erlaubte Operationen sind dabei nur das Hinzufügen, das Lesen und das Löschen eines Elements am Anfang.

Ein Stack ist dabei durch das LIFO-Prinzip gekennzeichnet, wobei LIFO für „last in, first out" steht. Dies bedeutet, dass das zuletzt hinzugefügte Element als erstes wieder ausgelesen wird. Interpretiert man den Stack als Stapel, der von unten nach oben wächst, so spricht man oft auch von der „Spitze des Stapels", die gelesen oder verändert wird.

> Die lineare Datenstruktur **Stack** erlaubt nur den Zugriff auf das letzte Element und sie invertiert bei der Ausgabe die Reihenfolge der Elemente.

Interessanterweise gibt es eine Vielzahl von Anwendungen des Stacks, z.B. die Programmiersprache Forth, die „Umgekehrte Polnische Notation" (UPN) bei Taschenrechnern und die Implementierung der Speicherung der Aufrufe von Methoden.

> Das Java-Interface `Deque` (das im vorigen Abschnitt „Die Schlange / Queue" vorgestellt wurde) definiert zusätzlich einen Stack mit den üblichen Zugriffsmethoden: Einfügen, Lesen und Löschen des Elements.

Eine Übersicht der Methoden des Interfaces `Deque`, die für die Datenstruktur Stack relevant sind, wird hier tabellarisch aufgelistet.

Methode	Erläuterung
`push(E element) : void`	Hinzufügen des Elements am Anfang („Spitze") des Stacks (entspricht der Methode `addFirst(...)`).
`pop() : E`	Entfernen des Elements vom Anfang des Stacks (entspricht `removeFirst()`).
`peek() : E`	Lesen des Elements am Anfang des Stacks, ohne es zu löschen (entspricht der Methode `getFirst()`).

Tab. 19: Zusätzliche Methoden des Interfaces `Deque` für den Stack

Wie bei der doppelten Schlange auch, ist der Anwender der Datenstruktur verantwortlich, die Struktur konsistent zu verwenden und nur die für den Stack vorgesehenen Methoden zu verwenden. Das folgende Listing zeigt ein Beispiel für die Nutzung eines Stack.

```
import java.util.Deque;
import java.util.LinkedList;

public class StackVerwendung {

    public static void main(String[] args) {
        Deque<String> keller = new LinkedList<>();                          1

        // Aufbau des Stacks
        keller.push("a"); keller.push("b"); keller.push("c");              2

        // Anzeigen und Entfernen der Stackspitze
        String s = keller.pop();                                            3
        System.out.println(s); // → c

        // Zugriff auf die Stackspitze                                      4
        System.out.println(keller.peek()); // → b

        System.out.println(keller); // → [b, a]                             5
    }
}
```

Listing 51: Nutzung des Interfaces Deque für den Stack

[1] Erzeugung und Initialisierung der Variablen `keller` vom Typ Deque.

[2] Die Elemente a, b und c werden am Anfang des Stacks hinzugefügt.

[3] Der Anfang des Stacks wird ausgegeben und gelöscht.

[4] Der Anfang des Stacks zurück geliefert.

[5] Der verbleibende Stack wird ausgegeben.

10.8 Die Assoziationsliste / Map

Die Assoziationsliste unterscheidet sich von den vorhergehenden Datenstrukturen Liste und Schlange dadurch, dass *nicht* die Position der Elemente im Vordergrund steht, sondern die *Assoziation* zwischen Schlüssel und Wert. Aus diesem Grund ist Map *unabhängig* vom bisher genutzten Collection-Interface.

Das Ziel der Assoziationsliste ist, schnell über den *Schlüssel* auf den zugehörigen Wert zugreifen zu können. Die Position des Schlüssel-Wert-Paares ist dabei *nicht* bekannt. Ansonsten gelten die üblichen Operationen, wie das Einfügen und das Löschen von Elementen, nur mit dem Unterschied, dass sich diese auf Schlüssel-Wert-Paare und nicht auf einzelne Werte beziehen. Eine andere Konsequenz ist, dass die Position des Schlüssel-Wert-Paares nicht vom Benutzer beeinflusst werden kann, da diese von der Assoziationsliste eigenständig verwaltet wird.

Die lineare Datenstruktur **Assoziationsliste** besteht aus Paaren von Schlüsseln und Werten. Der Zugriff erfolgt über den Schlüssel auf den Wert.

Ein typisches Anwendungsbeispiel für eine Assoziationsliste wäre ein deutsch-französisches Wörterbuch, bei dem die deutschen Wörter die *Schlüssel* und die französischen Übersetzungen die *Werte* darstellen. Die Positionen der einzelnen Paare innerhalb der Assoziationsliste werden dabei nicht angezeigt.

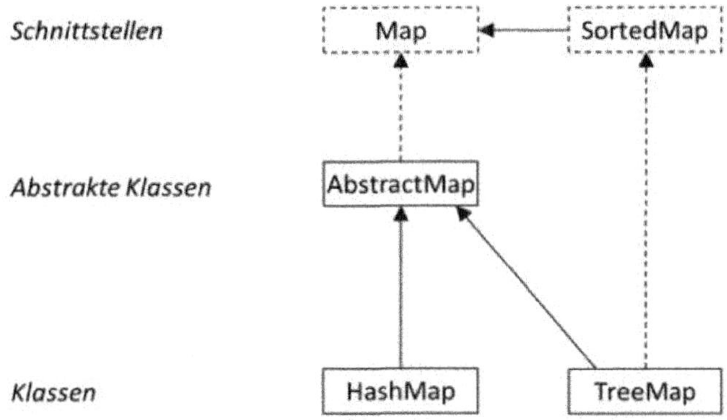

Abb. 9: Ableitungen der Klassen und Interfaces für die Datenstruktur `Map`

Die Datenstruktur Assoziationsliste basiert in Java auf dem Interface `Map<K,V>`, wobei K für den Schlüsseltyp („Keys") und V für den Wertetyp („Values") stehen).

Das `Map`-Interface wird

- von der abstrakten Klasse `AbstractMap` und
- und den konkreten Klassen `HashMap` und `TreeMap` umgesetzt.

In Java gibt es die zwei Klassen für die Implementierung der Assoziationsliste: **HashMap** und **TreeMap**. Bei der Hash Map werden die Schlüssel *unsortiert* verwaltet. In einer Tree Map werden die Schlüssel *sortiert* (z.B. numerisch oder lexikographisch) verwaltet – dies ist relevant, wenn die Schlüssel durchwandert werden.

Das Interface `Map` bietet Methoden an, die in der folgenden Tabelle zusammengefasst sind:

Methode	Erläuterung
`put(K key, V value): V`	Ein Paar (key, value) bestehend aus Schlüssel und Wert wird in die Map eingefügt.
`putAll(Map<? extends K,? extends V> m)`	Eine Map kann in eine bereits existierende Map eingefügt werden.
`keySet():Set<K>`	Liefert ein Set der Schlüssel zurück.
`values():Collection<V>`	Liefert eine Collection der Werte zurück.
`get(Object key) : V`	Liefert den Wert zum Schlüssel.
`containsKey(Object key) : boolean`	Prüft, ob der Schlüssel in den Schlüsseln der Map enthalten ist.
`containsValue(Object value) : boolean`	Prüft, ob der Wert in den Werten der Map enthalten ist.
`remove(Object key): V`	Entfernt das Objekt mit dem übergebenen Schlüssel. Ergebnis ist das entfernte Objekt oder `null`, falls kein Schlüssel vorlag.
`clear()`	Leeren der gesamten Map.
`size() : int`	Anzahl der Paare der Map.
`isEmpty() : boolean`	Prüfung, ob die Map leer ist.

Tab. 20: Methoden des Interfaces `Map`

Das folgende Beispiel zeigt die Benutzung anhand der Klasse `HashMap`:

```
import java.util.Collection;
import java.util.HashMap;
import java.util.Map;
import java.util.Set;

public class MapVerwendung {

    public static void main(String[] args) {
        Map<String,String> woerter = new HashMap<>();              ❶

        woerter.put("Brot", "pain");
        woerter.put("Tag","jour");                                  ❷
        woerter.put("Wort", "mot");

        String s = woerter.get("Tag");
        System.out.println(s); // → jour                            ❸

        Set<String> keys = woerter.keySet();                        ❹
        System.out.println(keys);    // → [Wort, Brot, Tag]

        Collection<String> values = woerter.values();               ❺
        System.out.println(values); // → [mot, pain, jour]
```

```
        System.out.println(woerter.containsKey("Wort"));              ❻
                                                  // → true
        System.out.println(woerter.containsValue("jour"));            ❼
                                                  // → true
        woerter.remove("Tag");
        System.out.println(woerter.values()); // → [mot, pain]        ❽
    }
}
```

Listing 52: Eine Assoziationsliste basierend auf `HashMap`

[1] Die Variable `woerter` wird vom Typ `Map` deklariert und mit einer `HashMap` instanziiert.

[2] Die Schlüssel-Wert-Paare `("Brot", "pain")`, `("Tag", "jour")` und `("Wort", "mot")` werden zur Map hinzugefügt.

[3] Über den Schlüssel `"Tag"` wird auf den Wert `"jour"` zugegriffen.

[4] Die Schlüssel werden als Set zurückgegeben.

[5] Alle Werte werden als Collection zurückgegeben.

[6] Das Vorhandensein des Schlüssels `"Wort"` wird geprüft.

[7] Das Vorhandensein des Werts `"jour"` wird geprüft.

[8] Das Paar mit dem Schlüssel `"Tag"` wird entfernt.

Die Klasse `TreeMap` bietet einige *zusätzliche* Methoden, die auf der *Sortierung* der Schlüssel-Wert-Paare beruhen. So kann zum Beispiel auf den *ersten* oder *letzten* Schlüssel zugegriffen werden oder es kann ein Schlüssel angegeben werden und dann nach den unmittelbar *vorhergehenden* oder *nachfolgenden* Schlüsseln gesucht werden. Die hinzugekommenen Methoden profitieren also explizit von der Sortierung der Elemente.

Das Interface `SortedMap<K,V>`

- wird von `Map<K,V>` abgeleitet und
- durch die Klasse `TreeMap` umgesetzt.

Die tabellarische Übersicht fasst die wichtigsten zu `Map` *zusätzlichen* Methoden der `SortedMap` zusammen:

Methode	Erläuterung
`firstKey() : K`	Gibt den *ersten* Schlüssel zurück.
`lastKey () : K`	Gibt den *letzten* Schlüssel zurück.

Tab. 21: Zusätzliche Methoden des Interfaces `SortedMap`

10.9 Fragen

Die Lösungen befinden sich am Ende des Buchs.

Was sind die Vorteile der Java-Klassen, die die Datenstruktur Liste implementieren, im Vergleich zu Arrays?

☐ Flexibilität bezüglich der Länge der Liste zur Laufzeit

☐ Flexibilität bezüglich der Datentypen

☐ Performantes Löschen der Elemente an beliebiger Stelle

☐ Angebot zusätzlicher Methoden

Welches sind die Java-Klassen, die die Datenstruktur Liste umsetzen?

☐ `List`

☐ `Collection`

☐ `ArrayList`

☐ `LinkedList`

☐ `LinkList`

An welchen Positionen erfolgt der Zugriff bei der Schlange?

☐ überall

☐ in der Mitte

☐ am Anfang

☐ am Ende

Welche Java-Klasse implementiert die Datenstruktur Schlange?

☐ `Queue`

☐ `DoubleQueue`

☐ `LinkedList`

☐ `ArrayList`

Warum dreht sich die Reihenfolge beim Stack um?

☐ Elemente werden umgekehrt eingegeben

☐ letztes Element wird zuerst ausgegeben

☐ erstes Element wird zuletzt ausgegeben

Was ist die Besonderheit der Assoziationsliste?

☐ der Zugriff über die Position

☐ die Schlüssel-Wert-Paare

☐ der Zugriff über den Schlüssel

☐ die lineare Anordnung der Elemente

Was ist der Unterschied zwischen HashMap und TreeMap?

☐ der Typ der zu speichernden Elemente

☐ HashMap hat eine sortierte, TreeMap eine unsortierte Anordnung der Elemente

☐ HashMap hat eine unsortierte, TreeMap eine sortierte Anordnung der Elemente

Welche Collection erlaubt einen Zugriff über einen Index?

☐ `Map`

☐ `Stack`

☐ `List`

☐ `Set`

Schritt 11:

Datenströme / Streams

Lernhinweise und Prüfungstipps

Was erwartet mich in diesem Kapitel?

In diesem Kapitel geht es um unterschiedliche Datenarten und die passenden Klassen und Methoden zur Ein- und Ausgabe in Dateien.

Welche Schlagwörter lerne ich kennen?

■ Stream ■ Datei ■ Quelle ■ Senke ■ Buffer ■ Reader ■ Writer ■ Serialisierung

Wofür benötige ich dieses Wissen?

Die Ein- und Ausgabe von Daten ist notwendig für die Kommunikation mit der Umgebung.

Welchen Prüfungstipp kann ich aus diesem Abschnitt ziehen?

In Prüfungen wird häufig gefordert, Daten in eine Datei zu schreiben oder Daten von der Eingabe zu lesen.

Eine wichtige Aufgabe bei der Programmierung ist die Ein- und Ausgabe von Daten. Grundsätzlich wird zwischen grafischer und zeichenbasierter Ein- und Ausgabe unterschieden. Wir werden hier zunächst die grundlegendere, zeichenbasierte Kommunikation betrachten.

11.1 Datenquellen und -senken

Daten werden in Java als Ströme („Streams“) betrachtet, die Zeichen transportieren. Eingabeströme („Input-Streams“) lesen Daten von einer Quelle. Quellen können dabei Dateien (mit dauerhaft gespeicherten Daten), Eingabegeräte (z.B. die Tastatur), andere Programme oder entfernte Server sein. Ausgabeströme („Output-Streams“) schreiben Dateien in eine Senke. Senken können ebenfalls Dateien, andere Programme, Ausgabegeräte (z.B. der Bildschirm) oder entfernte Clients ein.

11.2 Daten- und Stream-Arten

Grundsätzlich wird in der Informatik zwischen Binärdaten und Textdaten unterschieden[22]. Textdaten können mit einem Texteditor betrachtet und bearbeitet werden, Binärdaten enthalten überwiegend Zeichen, die nicht direkt im Texteditor verarbeitet werden können, weil sie als unsichtbare Zeichen oder besondere Symbole dargestellt werden. Die übliche Speichereinheit für beide Arten ist ein Byte (acht Bits). Für Binärdaten ist der Inhalt der Bytes durch die Art der Anwendung bestimmt (so kann bei einer Videodatei das Byte ein Teil des Bildes, bei einer Audiodatei das Byte einen Teil des Tons darstellen). Für Textdateien gibt es eine Reihe normierter Zeichencodierungen. Die wichtigsten sind:

- ANSI: Umfasst 256 Zeichen; jedes Zeichen kann mit einem Byte dargestellt werden. Die erste Hälfte der Zeichen entspricht dem ASCII- und Unicode-Zeichensatz.
- Unicode: Versucht jedem Zeichen aller Sprachen einen Code zuzuordnen. Im Augenblick umfasst der Standard 1 114 112 Zeichen. Ursprünglich war man davon ausgegangen, dass zwei Bytes genügen, dies ist aber nicht mehr der Fall. Aus diesem Grund gib es verschiedene Untermengen, die die wichtigsten Zeichen umfassen. Die wichtigsten Unterstandards dabei sind UTF-16 und UTF-8.

---

[22] Siehe auch „Fit für die Prüfung: Informatik“, utb, 2015

- UTF-16: Untermenge von Unicode, das die wichtigsten Unicode-Zeichen enthält. Die Zeichen werden mit zwei Bytes dargestellt. Dies ist das Format, das von Java verwendet wird .
- UTF-8: Unicode-Codierung mit flexibler Byte-Größe pro Zeichen (von ein bis sechs Bytes). Dies erlaubt eine effizientere Speicherung.

Java sieht grundsätzlich vier verschiedene Stream-Arten für unterschiedliche Aufgaben vor:

Byte-, Zeichen-, Daten- und Objekt-Streams. Tabelle 22 zeigt die wesentlichen Merkmale dieser Ströme.

Strom	Leseeinheit	Anwendung
Byte-Strom	1 Byte (8 Bits)	Direkte Verarbeitung der Dateidaten, z.B. bei Audio- oder Videodateien.
Zeichenstrom („Character Stream")	2 Bytes (16 Bits) im Unicode-Format	Verarbeitung von Textdokumenten (die Eingangsdaten des Textdokuments können dabei in einem der zuvor vorgestellten Formate vorliegen)
Datenstrom (basierend auf Byte-Strom)	Primitive Java-Typen: `boolean`, `byte`, `short`, `int`, `long`, `float`, `double` und der Referenztyp `String`	Verarbeitung von Programmdaten.
Objektstrom (basierend auf Byte-Strom)	serialisierbare[23] Java-Objekte	Verarbeitung von Programmzuständen.

Tab. 22: Stream-Arten in Java

11.3 Lesen und Schreiben von Strömen in Java

Alle Klassen zum Lesen und Schreiben von Strömen in Java befinden sich im Paket `java.io`. Um das Lesen oder Schreiben zu optimieren können sog. Puffer (englisch „Buffer") eingesetzt werden. Statt Daten sofort weiter zu leiten, spei-

---

[23] Die Java-Klasse muss in diesem Fall das Marker-Interface `Serializable` implementieren (→ Abschnitt: „Objekte speichern und lesen")

chert der Puffer die Daten zwischen (die Daten werden „gepuffert") und leitet sie in Gruppen weiter. Das Betriebssystem kann die Puffer zur Leistungssteigerung nutzen. Zusätzlich können weitere Filter eingesetzt werden, um die gelesenen oder zu schreibenden Daten vor- oder nachzuverarbeiten (z.B. ganze Java-Objekte codieren).

Das Muster zum Lesen und Schreiben von Strömen ist immer dasselbe und wird im Folgenden allgemein erläutert; die nachfolgenden Abschnitte zeigen dann die beispielhafte Anwendung.

Typisches Muster zum Lesen von Daten

- Import der notwendigen Klassen aus java.io
- Die folgenden Anweisungen sollten in einem `try`-Block stehen, da sie alle eine `IOException` auslösen können.
- Öffnen der Quelle durch `FileInputStream` oder `FileReader` (abhängig vom Stream-Typ)
- Pufferung des geöffneten Streams durch einen `Buffered InputStream` oder `BufferedReader`
- Evtl. weitere Filter: `DataInputStream` für Datenströme oder `Object-InputStream` für Objektströme
- Lesen der Elemente vom Strom; abhängig vom Stromtyp muss auf unterschiedliche Art und Weise auf das Stromende reagiert werden.
- In einem abschließenden `finally`-Block wird die Quelle wieder geschlossen.

Abbildung 10 zeigt die Abfolge der verwendeten Elemente:

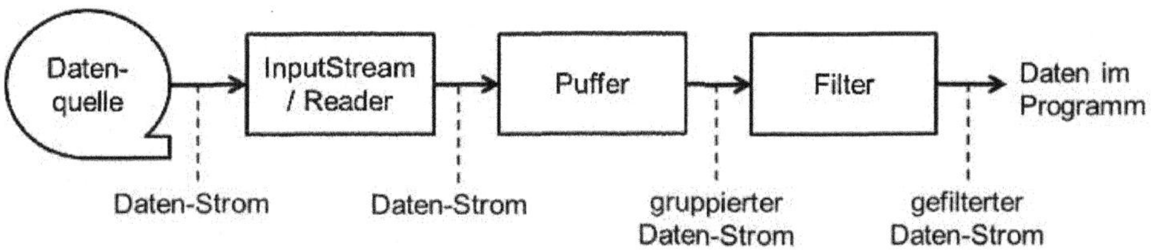

Abb. 10: Abfolge von Datenquelle, InputStream oder Reader, Puffer und Filter

Analog werden Daten geschrieben.

Typisches Muster zum Schreiben von Daten

- Import der notwendigen Klassen aus java.io
- Die folgenden Anweisungen sollten in einem `try`-Block stehen, da sie alle eine `IOException` auslösen können.
- Öffnen der Quelle durch `FileOutputStream` oder `FileWriter` (abhängig vom Stream-Typ)
- Pufferung des geöffneten Streams durch einen `Buffered Output Stream` oder `BufferedWriter`
- Evtl. weitere Filter: `DataOutputStream` für Datenströme oder `Object OutputStream` für Objektströme
- Schreiben der Elemente in den Strom.
- In einem abschließenden `finally`-Block wird die Quelle wieder geschlossen.

Abbildung 11 zeigt die Abfolge der Elemente.

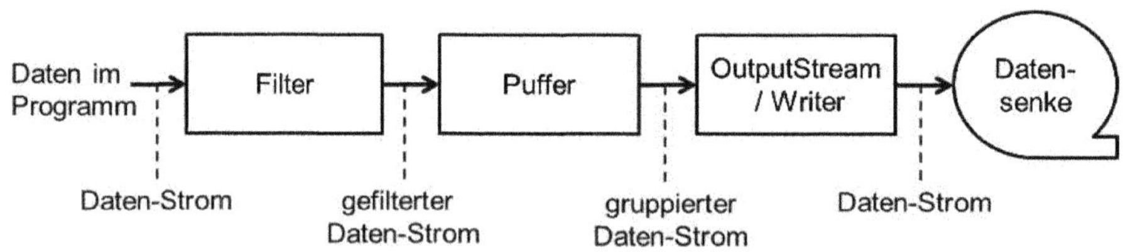

Abb. 11: Abfolge von Filter, Puffer, OutputStream oder Writer und Datensenke

11.4 Lesen und Schreiben von Byte-Strömen

Das folgende Listing 53 zeigt die notwendigen Codeteile, um eine Byte-Datei zu lesen und zu verarbeiten (in diesem Fall am Bildschirm auszugeben). Das Muster für das Lesen und Schreiben ist für alle Datenarten im Prinzip dasselbe und wird deshalb hier sehr ausführlich erläutert. In den folgenden Listings werden wir dann nur noch auf die wesentlichen Unterschiede eingehen.

```
import java.io.BufferedInputStream;
import java.io.FileInputStream;                    ①
import java.io.IOException;
import java.io.InputStream;

public class BytesLesen {

    public static void main(String[] args) {
```

```
        String datei = "bytes.dat";                                  2

        InputStream stream = null;                                   3
        InputStream buffer = null;

        try {                                                        4
            stream = new FileInputStream(datei);
            buffer = new BufferedInputStream(stream);                5
                                                                     6
            int b = buffer.read();
            while (b != -1) {                                        7
                System.out.println(b); // Byte verarbeiten             8
                b = buffer.read();                                   9
            }
        } catch (IOException e) {
            e.printStackTrace();                                     10
        } finally {
            if (buffer != null)                                      11
                try {
                    buffer.close(); // schließt auch "stream"
                } catch (IOException e) {}
        }
    }
}
```

Listing 53: Eine Byte-Datei lesen und verarbeiten

[1] Import der notwendigen Klassen aus dem Paket `java.io`.

[2] Name der Datei, die gelesen werden soll (`bytes.dat`). Ein Name ohne weitere Pfadangaben verweist auf eine Datei auf derselben Ebene des Java-Projekts.[24]

[3] Definition des eigentlichen Streams und des Puffers (`buffer`). Beide können als `InputStream` definiert werden, da sowohl `FileInputStream` und `BufferedInputStream` Unterklassen von `InputStream` sind.

[4] Mit der Klasse `FileInputStream` kann ein Eingabestrom auf eine Byte-Datei geöffnet werden. Falls die Datei nicht existiert oder nicht geöffnet werden kann, wird eine `FileNotFoundException` (die eine Unterklasse der `IOException` ist) geworfen (siehe [10]).

[5] Definition eines Puffers auf den Byte-Strom. Das Prinzip ist (auch bei den späteren Varianten) immer dasselbe: Der Konstruktor akzeptiert als Argument einen (allgemeinen) `InputStream`, der verarbeitet werden soll. Dadurch können beliebige (z.B. gefilterte) `InputStreams` genutzt werden.

[6] Lesen des ersten Bytes. Alle `InputStreams` besitzen eine Methode `read():int`, mit der ein Byte vom Strom gelesen wird. Falls beim Lesen

---

[24] Java erlaubt außerdem absolute und relative Adressierung. Eine Adressierung unabhängig von Betriebssystemeigenschaften ist allerdings sehr komplex und wird hier nicht weiter betrachtet.

ein Fehler auftritt, wird eine `IOException` geworfen (siehe [10]). Da die Methode einen Wert zwischen -1 und 255 liefert, ist der Java-Typ `byte` nicht geeignet (er kann nur Werte von -128 bis 127 aufnehmen).

[7] Falls das Ende der Datei erreicht ist, liefert die Methode `read()` den Wert -1. Ansonsten wird der Wert des gelesenen Bytes (ein Wert zwischen 0 und 255) zurückgegeben.

[8] Verarbeitung des gelesenen Bytes – hier wird lediglich der Wert am Bildschirm ausgegeben.

[9] Lesen des nächsten Bytes.

[10] Abfangen einer `IOException`. Diese Ausnahme wird geworfen, falls beim Öffnen der Datei oder beim Lesen ein Fehler auftritt (siehe [4], [6] und [9]); z.B. wenn die Datei während des Lesens gelöscht wird.

[11] Nachdem alle Bytes gelesen sind, muss die Datei mit der Methode `close()` geschlossen werden, da ansonsten die Datei evtl. gesperrt bleibt. Üblicherweise sollte diese Methode in einen `finally`-Block gefasst werden, um sicher zu stellen, dass die Datei auch im Fehlerfall wieder geschlossen wird. Das Schließen des Puffers führt auch dazu, dass der enthaltene Stream geschlossen wird. Allerdings müssen dabei die folgenden Möglichkeiten beachtet werden: Der Puffer könnte durch einen vorherigen Fehler nicht erzeugt worden sein (also `null` sein) und die `close`-Operation selbst kann eine `IOException` auslösen. Der erste Fall wird durch das `if`-Statement abgefangen, der zweite Fall kann durch ein weiteres `try-catch`-Statement (innerhalb des `finally`-Statements) abgefangen werden.

Listing 54 zeigt ein Programm, das die Bytes 00 bis FF (0 bis 255) in eine Datei schreibt. Der Ablauf ist analog zum Lesen der Datei.

```
import java.io.BufferedOutputStream;
import java.io.FileOutputStream;                        (1)
import java.io.IOException;
import java.io.OutputStream;

public class BytesSchreiben {

    public static void main(String[] args) {

        String datei = "bytes.dat";                      (2)

        OutputStream stream = null;                      (3)
        OutputStream buffer = null;

        try {
            stream = new FileOutputStream(datei);        (4)
            buffer = new BufferedOutputStream(stream);   (5)
```

```
            for (int b = 0; b <= 255; b++) // Bytes verarbeiten  6
                buffer.write(b);                                 7
        } catch (IOException e) {
            e.printStackTrace();                                 8
        } finally {
            if (buffer != null)
                try {                                            9
                    buffer.close(); // schließt auch "stream"
                } catch (IOException e) {}
        }
    }
}
```

Listing 54: Eine Byte-Datei schreiben

[1] Import der notwendigen Klassen aus dem Paket `java.io`.

[2] Name der Datei, die geschrieben werden soll (`bytes.dat`).

[3] Definition des eigentlichen Streams und des Puffers (`buffer`). Beide können als `OutputStream` definiert werden, da sowohl `FileOutputStream` und `BufferedOutputStream` Unterklassen von `OutputStream` sind.

[4] Mit der Klasse `FileOutputStream` kann ein Ausgabestrom für eine Byte-Datei geöffnet werden. Falls die Datei nicht geöffnet werden kann, wird eine `FileNotFoundException` geworfen (Unterklasse von `IOException`, siehe [8]).

[5] Definition eines Puffers auf den Byte-Strom.

[6] Als Beispiel sollen hier alle 256 möglichen, unterschiedlichen Bytes geschrieben werden.

[7] Schreiben eines Bytes. Alle `OutputStreams` besitzen eine Methode `write(b int)`, mit der ein Byte in den Strom geschrieben wird. Falls beim Schreiben ein Fehler auftritt, wird eine `IOException` geworfen (siehe [8]).

[8] Abfangen einer `IOException` (siehe [4] und [7]).

Nachdem alle Bytes geschrieben sind, muss die Datei mit der Methode `close()` geschlossen werden. Diese Methode leert außerdem den Puffer („flush") – der Puffer verfügt zusätzlich über eine explizite Methode `flush()`, die aber nicht aufgerufen werden muss.

Tabelle 23 und 24 enthalten die wesentlichen Java-Klassen und -Methoden zum Lesen und Schreiben von Byte-Strömen.

Oberklasse	`InputStream`
Unterklasse zum Dateizugriff	`FileInputStream`
Konstruktor zum Öffnen der Byte-Quelle	`stream = new FileInputStream(String filename)`
Unterklasse zur Pufferung	`BufferedInputStream`
Konstruktor zur Pufferung	`buffer = new BufferedInputStream(InputStream stream)`
Lesemethode	`buffer.read():int throws IOException` liefert ein Byte zwischen 0 und 255
Dateiende	`buffer.read()` liefert -1
Datei schließen	`buffer.close()` schließt alle beteiligten Streams

Tab. 23: Klassen und Methoden zum Lesen eines Byte-Stroms

Oberklasse	`OutputStream`
Unterklasse zum Dateizugriff	`FileOutputStream`
Konstruktor zum Öffnen der Byte-Senke	`stream = new FileOutputStream(String filename)`
Unterklasse zur Pufferung	`BufferedOutputStream`
Konstruktor zur Pufferung	`buffer = new BufferedOutputStream(OutputStream stream)`
Schreibmethode	`buffer.write():int throws IOException` schreibt ein Byte zwischen 0 und 255
Datei schließen	`buffer.close()` schließt alle beteiligten Streams

Tab. 24: Klassen und Methoden zum Schreiben eines Byte-Stroms

11.5 Lesen und Schreiben von Textdateien

Textdateien sind Zeichen („Character")-Ströme. Der Aufbau ist derselbe wie beim Lesen und Schreiben der Byte-Ströme (voriger Abschnitt). Allerdings werden statt der dort verwendeten Klassen `InputStream` und `OutputStream` die Klassen `Reader` und `Writer` (und ihre Unterklassen) verwendet.

Das folgende Listing 55 zeigt einen typischen Code zum Lesen einer Textdatei. Gegenüber den vorigen Beispielen wurden hier der Import mit einer Wildcard vereinfacht und die Exceptions nicht mehr gefangen, sondern weitergereicht (beides ist für reale Programme nicht empfohlen, erlaubt hier aber kürzere Listings).

```
import java.io.*;                                                    ❶

public class ZeichenLesen {
                                                                     ❷
    public static void main(String[] args) throws IOException {

        String datei = "zeichen.txt";                                ❸

        Reader reader = null;                                        ❹
        BufferedReader buffer = null;

        try {                                                        ❺
            reader = new FileReader(datei);
            buffer = new BufferedReader(reader);                     ❻

            String str = buffer.readLine(); // Text verarbeiten      ❼
            while(str != null){
                System.out.println(str);
                str = buffer.readLine();                             ❽
            }
        } finally {                                                  ❾
            if (buffer != null)
                buffer.close(); // schließt auch "reader"
        }
    }
}
```

Listing 55: Eine Textdatei lesen

[1] Import der notwendigen Klassen aus dem Paket `java.io`.

[2] Weitergabe der IO-Ausnahme, die durch die Anweisung [5], [7], [8] oder [9] ausgelöst werden können. (Die zuvor verwendete `FileNotFoundException` ist eine Unterklasse der `IOException` und muss deshalb hier nicht explizit aufgezählt werden.)

[3] Name der Datei, die gelesen werden soll (`zeichen.text`).

[4] Definition des Readers und des Puffers. Der Reader kann als Variable vom Typ `Reader` definiert werden, da der `FileReader` eine Unterklasse von `Reader` ist. Der Puffer muss als `BufferedReader` definiert werden. Der `BufferedReader` ist zwar eine Unterklasse von `Reader`, die zum Lesen notwendige Methode `readLine()` wird aber nur von dieser Unterklasse definiert.

[5] Mit der Klasse `FileReader` kann eine Textdatei geöffnet werden. Falls die Datei nicht existiert oder nicht geöffnet werden kann, wird eine `FileNotFoundException` geworfen (siehe [2]).

[6] Definition eines Puffers auf den Zeichenstrom. Wie zuvor auch akzeptiert der Konstruktor als Argument einen (allgemeinen) `Reader`, der verarbeitet werden soll. Dadurch können beliebige (z.B. gefilterte) `Reader` genutzt werden.

[7] Statt eines einzelnen Zeichens erlaubt der `BufferedReader` mit der Methode `readLine():String`, eine ganze Zeile aus der Datei zu lesen. Falls das Ende der Datei erreicht ist, liefert die Methode den Wert `null`. Falls beim Lesen ein Fehler auftritt, wird eine `IOException` geworfen (siehe [2]).

[8] Verarbeitung der gelesenen Zeile – hier wird lediglich die Zeile am Bildschirm ausgegeben, und Lesen der nächsten Zeile.

[9] Nachdem alle Zeilen gelesen sind, muss die Datei mit der Methode `close()` geschlossen werden. Wie zuvor wird über den `finally`-Block sichergestellt, dass diese Methode auf jeden Fall ausgeführt wird.

Listing 56 zeigt das analoge Listing zur Ausgabe eines Textes in eine Datei.

```
import java.io.*;                                                    (1)

public class ZeichenSchreiben {
                                                                     (2)
    public static void main(String[] args) throws IOException {

        String datei = "zeichen.txt";                                (3)

        Writer writer = null;                                        (4)
        BufferedWriter buffer = null;

        try {
            writer = new FileWriter(datei);                          (5)
            buffer = new BufferedWriter(writer);                     (6)

            for (char c = 'A', i = 1; c <= 'z'; c++, i++) {
                buffer.write(c); // Text verarbeiten                 (7)
                if (i % 20 == 0)
                    buffer.newLine();                                (8)
            }
        } finally {
            if (buffer != null)                                      (9)
                buffer.close(); // schließt auch "writer"
        }
    }
}
```

Listing 56: Eine Textdatei schreiben

[1] Import der notwendigen Klassen aus dem Paket `java.io`.

[2] Weitergabe der IO-Ausnahme, die durch die Anweisung [5], [7], [8] oder [9] ausgelöst werden können.

[3] Name der Datei, die geschrieben werden soll (`zeichen.text`).

[4] Definition des Writers und des Puffers. Der Writer kann als Variable vom Typ `Writer` definiert werden, da der `FileWriter` eine Unterklasse von `Writer` ist. Der Puffer muss als `BufferedWriter` definiert werden. Der `BufferedWriter` ist zwar eine Unterklasse von `Writer`, die zum Schreiben notwendige Methode `newLine()` wird aber nur von dieser Unterklasse definiert.

[5] Mit der Klasse `FileWriter` kann eine Textdatei geöffnet werden. Falls die Datei nicht geöffnet werden kann, wird eine `FileNotFoundException` geworfen (siehe [2]).

[6] Definition eines Puffers auf den Zeichenstrom. Wie zuvor auch, akzeptiert der Konstruktor als Argument einen (allgemeinen) `Writer`, der verarbeitet werden soll. Dadurch können beliebige (z.B. gefilterte) `Writer` genutzt werden.

[7] In diesem Beispiel sollen die Buchstaben von A bis z in die Datei geschrieben werden. Nach jeweils 20 Zeichen soll ein Zeilenumbruch eingefügt werden. Die Methode `write(int c)` schreibt das Zeichen c in die Datei[25]. Zusätzlich stehen noch weitere Methoden zur Verfügung, die z.B. einen ganzen String schreiben können. Der Puffer ist für die Gruppierung und effiziente Übertragung der Zeichen zuständig. Falls beim Schreiben ein Fehler auftritt wird eine `IOException` geworfen (siehe [2]).

[8] Zusätzlich erlaubt der Puffer die Methode `newLine()`, mit der ein Zeilenumbruch eingefügt wird (alternativ hätte man auch `write ('\n')` schreiben können).

[9] Nachdem alle Zeilen gelesen sind, muss die Datei mit der Methode `close()` geschlossen werden. `close()` leert auch hier den Puffer.

Eine Besonderheit ist das Lesen von der Tastatur in Java. Während die Ausgabe am Bildschirm mit Hilfe der Methoden `System.out.println(...)` bequem geht, ist das Lesen von der Tastatur eher umständlich und folgt dem zuvor beschriebenen Muster (im Prinzip ist dieser umständliche Weg analog auch für die Ausgabe möglich, wird aber natürlich nicht genutzt). Listing 57 zeigt, wie eine Textzeile von der Tastatur gelesen und am Bildschirm wiederholt wird.

---

[25] `char` besteht aus zwei, `int` besteht aus vier Bytes. Aus diesem Grund ist `char` kompatibel zu `int`, kann also ohne Casting einem `int` zugewiesen werden. Da `int` aber alle vier Bytes verwendet, muss es gecastet werden, wenn es einem `char` zugwiesen wird.

```
import java.io.*;                                      1

public class TatstaturEingabe {

    public static void main(String[] args) {
        InputStream stream = System.in;                                    2
        Reader reader = new InputStreamReader(stream);                     3
        BufferedReader buffer = new BufferedReader(reader);                4

        try {
            String s = buffer.readLine();              5
            System.out.println(s);
        } catch (IOException e) {                      6
            e.printStackTrace();
        }
    }
}
```

Listing 57: Eine Zeile von der Tastatur lesen

[1] Import der notwendigen Klassen.

[2] Java definiert bereits einen Tatstatur-Eingabestrom (`Input Stream`) namens `System.in`.

[3] `System.in` ist ein Byte-orientierter Strom, während Textdaten in Java Unicode-basiert sein müssen. Die Klasse `InputStreamReader` schlägt die Brücke von dem Byte- zum zeichenorientierten Strom. Dazu wird dem Konstruktor der `InputStream` übergeben. Ergebnis ist ein Reader, der diesen Strom konvertiert.

[4] Wie zuvor wird der Reader nun mit einem Puffer (`BufferedReader`) versehen.

[5] Nun kann, analog zum Lesen einer Textdatei, eine Zeile von der Tastatur gelesen werden. Lesen erzwingt eine Ausnahmebehandlung, da Lesen per se eine unsichere Tätigkeit ist. So kann z.B. durch technische Probleme der Lesevorgang unterbrochen werden.

[6] Diese mögliche Ausnahme wird aufgefangen.

Gelesen werden zunächst immer Strings. Um Strings weiter zu verarbeiten, sind vor allem die folgenden Methoden nützlich (siehe auch Kapitel 9 „Zeichenketten/Strings“):

- Die Methode `split(String delimiter)` der Klasse `String` liefert ein Array mit einzelnen Strings, die mit Hilfe des Strings delimiter getrennt werden. So liefert z.B. `"abc;def;123".split(";")` ein Array mit den Einzelstrings `"abc"`, `"def"` und `"123"`.
- Die statische Methode `parseInt(String str)` der Klasse `Integer` wandelt den als Parameter übergebenen String in einen `int`-Wert um. Falls der String nicht umgewandelt werden kann, wird eine `NumberFormatException` geworfen).

- Analog stehen für die Klassen `Long`, `Double`, `Float` und `Boolean` die Methoden `parseLong`, `parseDouble`, `parseFloat` und `parseBoolean` zur Verfügung.

Tabelle 25 und 26 enthalten die wesentlichen Java-Klassen und -Methoden zum Lesen und Schreiben von Zeichenströmen.

Oberklasse	`Reader`
Unterklasse zum Dateizugriff	`FileReader`
Konstruktor zum Öffnen der Zeichenquelle	`reader = new FileReader(String filename)`
Unterklasse zur Pufferung	`BufferedReader`
Konstruktor zur Pufferung	`buffer = new BufferedReader (Reader reader)`
Lesemethode	`buffer.readln():String throws IOException` liefert eine Zeile.
Dateiende	`buffer.readln()` liefert `null`
Datei schließen	`buffer.close()` schließt alle beteiligten Streams

Tab. 25: Klassen und Methoden zum Lesen eines Zeichenstroms

Oberklasse	`Writer`
Unterklasse zum Dateizugriff	`FileWriter`
Konstruktor zum Öffnen der Zeichensenke	`writer = new FileWriter(Stringfilename)`
Unterklasse zur Pufferung	`BufferedWriter`
Konstruktor zur Pufferung	`buffer = new BufferedWriter (Writer writer)`
Schreibmethoden	`buffer.write(String st) throws IOException` schreibt eine Zeile. `buffer.newLine()` schreibt einen Zeilenumbruch.
Datei schließen	`buffer.close()` schließt alle beteiligten Streams

Tab. 26: Klassen und Methoden zum Schreiben eines Zeichenstroms

11.6 Lesen und Schreiben von Java-Daten

Um Daten aus einem Java-Programm direkt zu speichern und wieder zu lesen, sind die bisher betrachteten Byte- und Textströme nur unzureichend geeignet. Prinzipiell könnten Daten direkt als Bytes oder umgewandelt in Strings geschrieben und gelesen werden. Allerdings ist dieser Weg sehr aufwändig. Java erlaubt mit Datenströmen die direkte Verarbeitung von primitiven Typen: `boolean`, `byte`, `short`, `int`, `long`, `float`, `double` und dem Referenztyp `String`.

Im Folgenden sollen (einfache) Buchdaten durch ein Programm geschrieben und wieder gelesen werden. Ein Buch wird durch die folgende Klasse beschrieben (Listing 58).

```
public class Buch {

    private String titel;
    private double preis;

    public Buch(String titel, double preis) {
        super();
        this.titel = titel;
        this.preis = preis;
    }

    public String getTitel() {
        return titel;
    }

    public double getPreis() {
        return preis;
    }

    public String toString() {
        return titel + ", " + preis + "€";
    }
```

Listing 58: Datentyp zur Buchbeschreibung

Das folgende Programm (Listing 59) erzeugt zunächst eine Reihe von Datensätzen und schreibt dann die einzelnen Daten in eine Datei. Gegenüber den bisherigen Beispielen wurde hier (um das Beispiel übersichtlicher zu gestalten) auf den `finally`-Block verzichtet.

```
import java.io.*;

public class DatenSchreiben {

    public static void main(String[] args) throws IOException {  1

        Buch[] buecher = {                                        2
         new Buch("Java Lerntafel", 7.99),
         new Buch("Systemanalyse und -entwurf mit UML", 7.99),
         new Buch("Java Lernbuch", 12.99),
         new Buch("Wirtschaftsinformatik Wissensordner", 49.99)
        };

        String datei = "daten.dat";
        OutputStream stream = new FileOutputStream(datei);        3
        OutputStream buffer = new BufferedOutputStream(stream);
        DataOutputStream out = new DataOutputStream(buffer);

        for (int i = 0; i < buecher.length; i ++) {
            out.writeUTF(buecher[i].getTitel());                  4
            out.writeDouble(buecher[i].getPreis());
        }

        out.close();                                              5
    }
}
```

Listing 59: Schreiben der Programmdaten

[1] Import der notwendigen Klassen aus dem Paket `java.io` und Weitergabe aller IO-Ausnahmen, die durch die Anweisung [3], [4] oder [5] ausgelöst werden können.

[2] Erzeugung einer Reihe von Beispieldatensätzen, die gespeichert werden sollen.

[3] Definition der OutputStreams, die zum Schreiben in die Datei `daten.dat` genutzt werden sollen. Zunächst wird (wie zuvor) ein gepufferter Byte-Strom definiert. Zusätzlich wird an den Byte-Strom ein `DataOutputStream` „angeschlossen". Der `DataOutputStream` hat für alle primitiven Datentypen und für String geeignete Schreibmethoden.

[4] Schreiben der Daten. In diesem Fall wird zunächst der Name (als UTF-Codierung) und der Preis des Artikels geschrieben. Analog gibt es für die übrigen primitiven Datentypen die Methoden `write(boolean b)`, `write(int i)` usw.

[5] Nachdem alle Daten geschrieben sind, muss die Datei mit der Methode `close()` geschlossen werden. `close()` leert auch hier den Puffer.

Listing 60 zeigt, wie die Daten wieder eingelesen werden. Dabei liegt es in der Verantwortung des Programmierers, dass die Struktur der Daten beachtet wird (in diesem Fall eine Abfolge von `String` und `double`).

```
import java.io.*;
import java.util.*;

public class DatenLesen {

    public static void main(String[] args) throws IOException {    [1]

        List<Buch> buecher = new ArrayList<>();                     [2]

        String datei = "daten.dat";

        InputStream stream = new FileInputStream(datei);            [3]
        InputStream buffer = new BufferedInputStream(stream);
        DataInputStream in = new DataInputStream(buffer);

        try {
            while (true) {
                String titel = in.readUTF();
                double preis = in.readDouble();                     [4]
                buecher.add(new Buch(titel, preis));
            }
        } catch (EOFException e) {}                                 [5]

        in.close();                                                 [6]

        for (Buch buch : buecher)
            System.out.println(buch);                               [7]
    }
}
```

Listing 60: Lesen der Programmdaten

[1] Import der notwendigen Klassen aus dem Paket `java.io` und Weitergabe aller IO-Ausnahmen, die durch die Anweisung [3], [4] oder [6] ausgelöst werden können.

[2] Erzeugung einer Datenstruktur, die die eingelesenen Programmdaten aufnehmen soll.

[3] Definition der InputStreams, die zum Lesen aus der Datei `daten.dat` genutzt werden sollen. Zunächst wird (wie zuvor) ein gepufferter Byte-Strom definiert. Zusätzlich wird an den Byte-Strom ein `DataInputStream` „angeschlossen". Der `DataInputStream` hat für alle primitiven Datentypen und für String geeignete Schreibmethoden.

[4] Lesen der Daten. In diesem Fall werden zunächst der Name (als UTF-Codierung) und dann der Preis des Artikels gelesen. Analog gibt es für die übrigen primitiven Datentypen die Methoden `readBoolean():boolean`, `readInt():int` usw.

[5] Im Unterschied zu zuvor wird das Dateiende nicht durch einen besonderen Wert angezeigt, sondern es wird beim Lesevorgang eine `EOFException`

(„End of File") ausgelöst. Das Listing zeigt das typische Code-Muster, um alle Daten zu lesen: in einer Schleife ohne explizite Abbruchbedingung (`while(true)`) wird solange gelesen, bis eine `EOFException` ausgelöst wird. Wird die Exception ausgelöst, wird sie ohne weitere Meldung gefangen und das Programm fortgeführt.

[6] Nachdem alle Daten geschrieben sind, muss die Datei mit der Methode `close()` geschlossen werden.

[7] Am Ende werden die gelesenen Daten am Bildschirm ausgegeben.

Die Verwendung der `EOFException` zur Anzeige des Dateiendes ist nicht ganz befriedigend. Eigentlich sollten Exceptions für Fehlerfälle reserviert sein. Dass das Dateiende erreicht ist, ist aber kein eigentlicher Fehler. Alternative Lösungen wären die folgenden:

- Speicherung der Anzahl der folgenden Datensätze zu Beginn (mit der Methode `writeInt()`). Dies setzt aber voraus, dass die Anzahl der Datensätze zu Beginn bekannt ist.
- Speicherung einer speziellen Markierung als Kennzeichen für den Datensatz. Z.B. einen leeren String, einen besonderen Text (z.B. `"<Ende>"`, `null` ist *nicht* erlaubt) oder eine reservierte Zahl (z.B. -1). Dieser Wert kann dann beim Einlesen abgefragt werden. Dies setzt aber voraus, dass dieser Wert nicht an anderer Stelle in den Daten verwendet wird.

Tabelle 27 und 28 enthalten die zusätzlich notwendigen Java-Klassen und -Methoden zum Lesen und Schreiben von Datenströmen.

Oberklasse	`InputStream`
Unterklasse zum Lesen der Daten	`DataInputStream`
Konstruktor zum Lesen der Daten	`in = new DataInputStream(InputStream stream)`
Lesemethoden	`in.readInt():int, in.readDouble():double, in.readString():String, … throws IOException` liefert den entsprechenden Java-Typ
Dateiende	`in.read()` wirft eine EOFException

Tab. 27: Zusätzliche Klassen und Methoden zum Lesen eines Datenstroms

Oberklasse	`OutputStream`
Unterklasse zum Schreiben von Daten	`DataOutputStream`
Konstruktor zum Schreiben von Daten	`out = new DataOutputStream(OutputStream stream)`
Schreibmethoden	`out.write(int i), out.write(double d), out.write(String s), … throws IOException` schreibt den entsprechenden Java-Typ

Tab. 28: Zusätzliche Klassen und Methoden zum Schreiben eines Datenstroms

11.7 Objekte speichern und lesen

Mit den zuvor vorgestellten Datenströmen können die primitiven Daten und Strings eines Objekts gespeichert und (mit dem Wissen um die Struktur des Objekts) die Objekte wieder rekonstruiert werden. Objektströme gehen noch einen Schritt weiter und erlauben ganze Objekte oder auch Objektgeflechte zu speichern und zu lesen. Man spricht hier von „Serialisierung".

Um ein Objekt zu speichern, muss es zunächst „serialisierbar" gemacht werden. Dazu muss das Objekt (und alle seine enthaltenen Objekte) das Interface `java.io.Serializable` implementieren. Dieses Interface definiert keine Methoden, sondern zeigt nur an, dass Objekte dieser Klasse serialisiert werden können. Man spricht hier von einem sog. Marker-Interface. Standardmäßig implementieren nahezu alle vordefinierten Java-Klassen dieses Interface, also insbesondere `String`, alle `Collection`-Klassen und Arrays.

Listing 61 zeigt das Buchobjekt aus Listing 58, das vollständig gespeichert werden soll und deshalb nun das Interface `Serializable` implementiert.

```
import java.io.Serializable;        (1)

public class Buch implements Serializable{

    // Code wie zuvor
    private String titel;
    private double preis;

    ...
}
```

Listing 61: Das Objekt, das gespeichert werden soll

[1] Import und Implementierung des Interfaces `Serializable`. Der übrige Code bleibt unverändert.

Listing 62 zeigt nun, wie die Objekte vom Typ Buch mit Hilfe von `DataOutputStream` gespeichert werden. Erklärung der einzelnen Schritte in Listing 62:

[1] Import der notwendigen Klassen aus dem Paket `java.io` und Weitergabe aller IO-Ausnahmen, die durch die Anweisung [3], [4] oder [5] ausgelöst werden können.

[2] Erzeugung einer Reihe von Beispieldatensätzen, die gespeichert werden sollen.

[3] Definition der OutputStreams, die zum Schreiben in die Datei `objekte.dat` genutzt werden sollen. Zunächst wird (wie zuvor) ein gepufferter Byte-Strom definiert. Zusätzlich wird an den Byte-Strom ein `ObjectOutputStream` „angeschlossen".

[4] Schreiben der Objekte. Der `ObjectOutputStream` bietet dafür die Methode `writeObject(Object o)` an, mit der alle serialisierbaren Objekte geschrieben werden können.

[5] Nachdem alle Daten geschrieben sind, muss die Datei mit der Methode `close()` geschlossen werden. `close()` leert auch hier den Puffer.

```
import java.io.*;

public class ObjekteSchreiben {                                              1

    public static void main(String[] args) throws IOException {

         Buch[] buecher = {                                                  2
          new Buch("Java Lerntafel", 7.99),
          new Buch("Systemanalyse und -entwurf mit UML", 7.99),
          new Buch("Java Lernbuch", 12.99),
          new Buch("Wirtschaftsinformatik Wissensordner", 49.99)
         };

        String datei = "objekte.dat";
        OutputStream stream = new FileOutputStream(datei);
        OutputStream buffer = new BufferedOutputStream(stream);
        ObjectOutputStream out = new ObjectOutputStream(buffer);             3

        for (int i = 0; i < buecher.length; i ++)                            4
            out.writeObject(buecher[i]);

         out.close();                                                        5
    }
}
```

Listing 62: Speicherung von ganzen Objekten

Listing 63 zeigt, wie die Daten wieder eingelesen werden. Dabei liegt es auch hier in der Verantwortung des Programmierers, dass die Struktur der Daten beachtet wird (in diesem Fall die Typen der gespeicherten Objekte). Erklärung der einzelnen Schritte:

[1] Import der notwendigen Klassen aus dem Paket `java.io` und Weitergabe aller IO-Ausnahmen, die durch die Anweisung [3], [4] oder [5] ausgelöst werden können. Zusätzlich besteht die Gefahr, dass Anweisung [4] eine `ClassNotFoundException` auslöst – dies ist der Fall, wenn ein Objekt gelesen wird, zu dem in der aktuellen Umgebung keine passende Klasse vorliegt.

[2] Erzeugung einer Datenstruktur, die die eingelesenen Programmdaten aufnehmen soll.

[3] Definition der InputStreams, die zum Lesen aus der Datei `objekte.dat` genutzt werden sollen. Zunächst wird (wie zuvor) ein gepufferter Byte-Strom definiert. Zusätzlich wird an den Byte-Strom ein `ObjectInputStream` „angeschlossen".

[4] Lesen der Objekte. Der `ObjectInputStream` bietet dazu die Methode `readObject():Object` an. Das gelesene Objekt muss noch in den Zieltyp gecastet werden.

[5] Wie zuvor auch, wird am Ende des Lesevorgangs eine `EOFException` („End of File") ausgelöst, auf die beim Lesen reagiert werden muss.

[6] Nachdem alle Daten geschrieben sind, muss die Datei mit der Methode `close()` geschlossen werden.

Am Ende werden die gelesenen Daten am Bildschirm ausgegeben.

```
import java.io.*;
import java.util.*;

public class ObjekteLesen {
                                                            (1)
    public static void main(String[] args)
        throws IOException, ClassNotFoundException
                                                            (2)
        List<Buch> buecher = new ArrayList<>();

        String datei = "objekte.dat";
        InputStream stream = new FileInputStream(datei);
        InputStream buffer = new BufferedInputStream(stream);  (3)
        ObjectInputStream in = new ObjectInputStream(buffer);

        try {
            while (true) {                                  (4)
                Buch buch = (Buch) in.readObject();
                buecher.add(new Buch(titel, preis));
            }                                               (5)
        } catch (EOFException e) {}
                                                            (6)
        in.close();
                                                            (7)
        for (Buch buch : buecher)
            System.out.println(buch);
    }
}
```

Listing 63: Lesen von gespeicherten Objekten

Ähnlich wie zuvor ist auch hier die Verwendung der `EOFException` zur Anzeige des Dateiendes nicht befriedigend. Alternative Lösungen für Objektströme wären die folgenden:

- Speicherung der gesamten Collection, statt der einzelnen Objekte. In diesem Fall muss natürlich auch wieder eine ganze Collection gelesen werden. Dazu ist aber nur ein einziger Lesebefehl notwendig (also keine Abfrage auf das Dateiende).
- Speicherung des Werts `null` als letztes Element. Dadurch kann beim Einlesen eine `while`-Schleife genutzt werden, die auf `null` prüft. Allerdings muss dann sicher gestellt sein, dass nicht schon vorher `null`-Werte geschrieben werden.

Tabelle 29 und 30 enthalten die zusätzlich notwendigen Java-Klassen und -Methoden zum Lesen und Schreiben von Datenströmen.

Oberklasse	`InputStream`
Unterklasse zum Lesen von Objekten	`ObjectInputStream`
Konstruktor zum Lesen von Objekten	`in = new ObjectInputStream(InputStream stream)`
Lesemethoden	`in.readObject():Object … throws IOException` liefert ein Java-Objekt (das noch gecastet werden muss)
Dateiende	`in.read()` wirft eine `EOFException`

Tab. 29: Zusätzliche Klassen und Methoden zum Lesen eines Objektstroms

Oberklasse	`OutputStream`
Unterklasse zum Schreiben von Objekten	`ObjectOutputStream`
Konstruktor zum Schreiben von Objekten	`out = new ObjectOutputStream(OutputStream stream)`
Lesemethoden	`out.write(Object o) … throws IOException` schreibt ein Java-Objekt (das serialisierbar sein muss)

Tab. 30: Zusätzliche Klassen und Methoden zum Schreiben eines Objektstroms

11.8 Fragen

Die Lösungen befinden sich am Ende des Buchs.

Was ist die Aufgabe eines InputStreams?

- ☐ Vorbereitung einer Datei zum Lesen
- ☐ Lesen der Daten
- ☐ Konvertierung der Daten beim Lesen
- ☐ Paketierung der Daten beim Lesen

Was ist die Aufgabe eines Readers?

- ☐ Vorbereitung einer Datei zum Lesen
- ☐ Lesen der Daten
- ☐ Konvertierung der Daten beim Lesen
- ☐ Paketierung der Daten beim Lesen

Was ist die Aufgabe eines Buffers?

- ☐ Vorbereitung einer Datei zum Lesen
- ☐ Lesen der Daten
- ☐ Konvertierung der Daten beim Lesen
- ☐ Paketierung der Daten beim Lesen

Was kann die Ursache einer IOException beim Schreiben sein?

- ☐ Die Datei kann nicht geöffnet werden.
- ☐ Die Datei gibt es schon.
- ☐ Die Datei wird während des Schreibens gelöscht.
- ☐ Die Datei hat bereits einen Inhalt.

Was ist die Voraussetzung, dass ein Objekt gespeichert werden kann?

- ☐ Die Klasse des Objekts muss `Serializable` implementieren.
- ☐ Das Objekt darf nicht leer sein.
- ☐ Alle enthaltenen Objekte müssen `Serializable` implementieren.
- ☐ Das Objekt darf nicht mehrfach vorkommen.

Woran erkennt man das Eingabeende bei Textdateien?

- ☐ Es wird eine `EOFException` geworfen.
- ☐ Es wird eine `NullPointerException` geworfen.
- ☐ Die Lesemethode liefert `null`.
- ☐ Die Lesemethode liefert erneut das zuletzt gelesene Objekt.

Schritt 12:

Datenbanken mit Java

Lernhinweise und Prüfungstipps

Was erwartet mich in diesem Kapitel?

In diesem Kapitel wird ein erster Blick auf die Verwendung von Datenbanken mit Hilfe von Java geworfen.

Welche Schlagwörter lerne ich kennen?

■ Datenbank ■ SQL ■ JDBC ■ ACID-Prinzip ■ DDL ■ DML

Wofür benötige ich dieses Wissen?

Datenbanken sind ein zentrales Element von großen Anwendungen. Sie dienen zur sicheren und dauerhaften Speicherung von Daten.

Welchen Prüfungstipp kann ich aus diesem Abschnitt ziehen?

In Prüfungen wird häufig gefordert, das ACID-Prinzip und die zentralen SQL-Befehle zu erläutern.

Datenbanken werden bei großen Anwendungen zur sicheren und dauerhaften Speicherung der Daten genutzt. In diesem Kapitel wollen wir eine allererste Einführung in das Thema Datenbanken geben. Dabei sollen die wichtigsten Ideen und ersten Ansätze zur programmatischen Anbindung von relationalen Datenbanken an Java vorgestellt werden. Sie ersetzen auf keinen Fall eine tiefere Auseinandersetzung mit dem Thema; insbesondere der Entwurf von Datenbanktabellen wird hier ausgeklammert.

12.1 Java und Datenbanken

Im vorigen Kapitel wurde gezeigt, wie Daten direkt aus dem Programm gespeichert und gelesen werden konnten. Dies hat den Nachteil, dass die Daten nur über dieses Java-Programm verarbeitet werden können und der Programmierer allein die Verantwortung über die gespeicherten Daten hat.

Dem gegenüber haben Datenbanksysteme den Vorteil, dass sie unabhängig vom eigentlichen Programm die Daten speichern und zugreifbar machen, so dass sie auch von anderen Programmen verwendet werden können.

Bekannte Datenbanksysteme sind z.B. Oracle, MySQL, IBM DB2, Microsoft SQL Server oder SAP-DB – im Rahmen dieser Einführung wird die mit Java ausgelieferte Datenbank Derby genutzt. Der Datenzugriff wird bei den meisten heute kommerziell genutzten Datenbanken in der Sprache SQL (Structured Query Language) durchgeführt, die sehr einfach erlernbar ist.

Datenbanksysteme übernehmen außerdem die Verantwortung für die gespeicherten Daten. Sie erfüllen dabei das sog. ACID-Prinzip:

- *Atomicity*: Zusammengehörige Vorgänge werden ganz oder gar nicht wirksam (auch „Transaktionsprinzip").
- *Consistency*: eine konsistente Datenbank ist nach einer Operation wieder konsistent (auch „Integrität").
- *Isolation*: keine Beeinflussung bei gleichzeitigen Zugriffen, jedes Programm sieht stets konsistente Daten.
- *Durability*: die Daten werden dauerhaft (nach Programmende) gespeichert.

Zusätzlich unterstützen Datenbanksysteme die *Sicherheit*: Für Teile der Daten können definierte Zugriffsrechte gesetzt werden.

Java kann kein SQL und benötigt deshalb eine Zwischenschicht, Java Database Connect (kurz JDBC), die es erlaubt, von Java aus SQL-Befehle an das Datenbanksystem zu schicken. Üblicherweise wird für jede Datenbank eine passende JDBC-Schnittstelle mitgeliefert.

Die allgemeinen Zugriffsklassen und -methoden auf SQL-Datenbanken sind im Paket `java.sql` gesammelt. Dabei werden die SQL-Befehle, die in einem Programm abgesetzt werden sollen, als String an JDBC übergeben und von dort aus auf der Datenbank ausgeführt. Eine SQL-Abfrage liefert üblicherweise eine Reihe von Datensätzen zurück. Diese Ergebnismenge wird durch JDBC in ein Java-Objekt umgesetzt, das dann im Programm verarbeitet werden kann. Abbildung 12 zeigt diesen Ablauf.

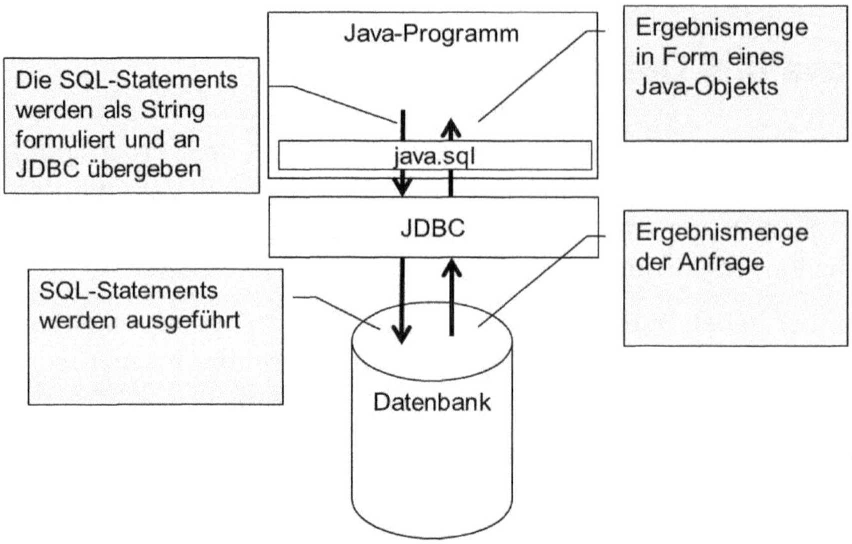

Abb. 12: Kommunikation zwischen Java-Programm und SQL-Datenbank

12.2 Relationale Datenbanken und SQL

Die zentrale Idee von relationalen Datenbanken ist, Daten in *Tabellen* zu speichern – diese Tabellen können als Relationen interpretiert werden. Jede *Zeile* (Tupel) in einer Tabelle ist ein *Datensatz* (Record). Die Datentypen einer Zeile – also die Art der Werte und die möglichen Operationen – sind durch das sog. *Datenbankschema* festgelegt. Die Typen werden spaltenweise festgelegt.

SQL sieht u.a. die folgenden Datentypen mit den Entsprechungen in Java vor:

- `CHAR` entspricht `char`
- `VARCHAR(n)` entspricht einem `String` der maximalen Länge n
- `FLOAT` entspricht `double`
- `INTEGER` entspricht `int`
- `BIGINT` entspricht `long`

Der spezielle Wert `NULL` kann überall als „undefiniert" eingesetzt und abgefragt werden.

Abbildung 13 und 14 zeigen zwei (bereits befüllte) Tabellen.

ISBN	TITEL	PREIS
9783825239497	Java Lerntafel	7.99
9783825242091	Systemanalyse und -entwurf mit UML	7.99
9783825244323	Java Lernbuch	12.99
9783825244132	Wirtschaftsinformatik Wissensordner	49.99
...		

Abb. 13: Die Tabelle BUCH

Die Tabelle BUCH soll für unterschiedliche Bücher die ISBN-Nummer, den Titel und den Preis des Buches aufnehmen. Die Tabelle hat folgende Elemente:

[1] Die Namen der Spalten (`ISBN`, `TITEL` und `PREIS`)

[2] Ein Datensatz: Das Buch „Systemanalyse und -entwurf mit UML", zum Preis von 7,99€ mit der ISBN-Nr. 9783825242091.

[3] Die Spalte `ISBN` vom Typ `BIGINT`.

[4] Die Spalte `TITEL` vom Typ `VARCHAR(256)`, d.h. es sind Strings mit maximal 256 Zeichen zugelassen.

[5] Die Spalte `PREIS` vom Typ `FLOAT`.

NAME	ISBN
Marcus Deininger	9783825239497
Thomas Kessel	9783825239497
Marcus Deininger	9783825244132
Thomas Kessel	9783825244132
Marcus Vogt	9783825244132

Abb. 14: Die Tabelle AUTOR

Da jedes Buch auch mehrere Autoren besitzen kann, ist es nicht möglich, die Autoren einzeln in der BUCH-Tabelle zu hinterlegen. Aus diesem Grund wird eine zweite Tabelle AUTOR eingeführt, die pro Zeile, einen Autor und die ISBN-Nummer des Buches enthält. Über diese (eindeutige) Nummer ist es möglich, die zum Buch zugehörigen Autoren zu suchen und umgekehrt alle Bücher eines Autors zu suchen. Die Tabelle hat folgende Elemente:

[1] Die Namen der Spalten (`NAME` und `ISBN`)

[2] Ein Datensatz: Der Autor „Marcus Vogt" ist (Co-)Autor des Buchs mit der ISBN-Nr. 9783825244132.

[3] Die Spalte `NAME` vom Typ `VARCHAR(30)`.

[4] Die Spalte `ISBN` vom Typ `BIGINT`.

Die Tabellen können mit Hilfe der Sprache SQL (Structured Query Language) manipuliert werden. Jede Datenbank hat üblicherweise eine Kommandozeileneingabe, in der die Befehle direkt eingegeben und die Ergebnisse angezeigt werden können, oder die Interaktion erfolgt – wie zuvor erläutert – über die JDBC-Schnittstelle.

Es gibt zwei Gruppen von SQL-Befehlen:

DDL (Data Definition Language) legt die Struktur der Daten fest:

- `CREATE`: legt eine Tabelle an
- `DROP`: löscht eine Tabelle

DML (Data Manipulation Language) legt die Inhalte der Daten fest:

- `INSERT`: fügt einen Datensatz ein
- `SELECT`: ermittelt eine Menge von Datensätzen
- `UPDATE`: verändert eine Menge von Datensätzen
- `DELETE`: löscht eine Menge von Datensätzen

SQL kennt *keine* Kontrollstrukturen wie while, if, ...

Die folgenden SQL-Beispiele illustrieren, wie die zuvor gezeigten Tabellen erzeugt und abgefragt werden können.[26]

Definition von Tabellen mit SQL, z.B. für die Tabellen `BUCH` und `AUTOR` (Listing 64):

```
   ①     ②     ③     ④
CREATE TABLE BUCH (ISBN BIGINT NOT NULL,
                   TITEL VARCHAR(256), PREIS FLOAT,   ⑤
                   PRIMARY KEY (ISBN));               ⑥

CREATE TABLE AUTOR (NAME VARCHAR(30)                  ⑦
                   ISBN BIGINT);
```

Listing 64: Erzeugung der Tabellen `BUCH` und `AUTOR`

---

[26] SQL unterscheidet *nicht* zwischen Groß- und Kleinschreibung. Wir werden im Folgenden (zur besseren Unterscheidung von Java) alle SQL-Befehle groß schreiben.

[1] Die Schlüsselwörter CREATE TABLE leiten den Befehl ein.

[2] Dann folgt der Name der Tabelle: BUCH.

[3] In Klammern folgen die Spaltendefinitionen, zuerst der Name der Spalte (ISBN), dann der Typ (BIGINT).

[4] Zusätzlich kann verlangt werden, dass ein Wert nicht NULL sein darf. Der Versuch, doch NULL einzutragen würde nun zu einem Fehler führen.

[5] Weitere Spalten TITEL und PREIS – jeweils getrennt durch ein Komma.

[6] Eine Spalte kann durch die Schlüsselwörter PRIMARY KEY als Primärschlüssel gekennzeichnet werden. Dies bedeutet, dass der Wert eindeutig sein muss, es also keine Datensätze mit gleicher ISBN-Nummer geben darf. Dadurch ist es möglich, den Datensatz mit Hilfe dieser Nummer zu identifizieren. Der Befehl wird in der Kommandozeile üblicherweise mit einem Strichpunkt abgeschlossen – für JDBC ist er später nicht notwendig.

[7] Analog wird die Tabelle AUTOR erzeugt. Diese Tabelle besitzt keinen Primärschlüssel, da sowohl die Namen als auch die ISBN-Nummern mehrfach vorkommen können.

Löschen von Tabellen mit SQL, z.B. die Tabellen BUCH und AUTOR (Listing 65):

```
DROP TABLE BUCH;      (1)
DROP TABLE AUTOR;     (2)
```

Listing 65: Löschen der Tabellen BUCH und AUTOR

[1] Die Schlüsselwörter DROP TABLE leiten den Befehl ein. Dann folgt der Name der Tabelle, die gelöscht werden soll, in diesem Fall BUCH. Mit der Tabelle werden auch alle enthaltenen Daten gelöscht.

[2] Analog kann die Tabelle AUTOR gelöscht werden.

Die Inhalte von Tabellen werden mit den Befehlen SELECT (Suchen), DELETE (Löschen), UPDATE (Änderung) und INSERT (Einfügen) gesucht oder geändert. SELECT, DELETE und UPDATE betreffen immer Mengen von Datensätzen. Die Menge der betroffenen Datensätzen wird durch eine optionale WHERE-Klausel eingeschränkt. Dabei gibt es innerhalb einer Tabelle keine von außen sichtbare Reihenfolge der Datensätze. INSERT betrifft immer nur einen einzigen Datensatz. Bricht einer der Befehle mit einem Fehler ab, findet keine Änderung der Datenbank statt, sie wird auf den Zustand vor dem Befehl zurückgesetzt, d.h. er wird entweder ganz oder gar nicht ausgeführt. Damit ist immer sichergestellt, dass die Datenbank konsistent bleibt. Dieses Verhalten wird als *Transaktionssicherheit* bezeichnet.

Alle Änderungen, die auf der Datenbank vorgenommen werden, werden nicht sofort ausgeführt, sondern erst nach Bestätigung mit dem Befehl COMMIT. Änderungen (bis zum vorigen COMMIT) können mit dem Befehl ROLLBACK annulliert werden. Eine Ausnahme ist JDBC: es verfügt über einen sog. *Autocommit*, alle Änderungen werden sofort durchgeführt.

Einfügen eines Datensatzes; z.B. in BUCH und AUTOR (vgl. Listing 66).

```
INSERT INTO BUCH (ISBN, TITEL, PREIS)
   VALUES(9783825244132, 'Wirtschaftsinformatik Wissensordner', 49.99);

INSERT INTO AUTOR (NAME, ISBN)
   VALUES('Marcus Vogt', 9783825244132);
```

Listing 66: Eintrag in die Tabellen BUCH und AUTOR

[1] Die Schlüsselwörter INSERT INTO leiten den Befehl ein.

[2] Dann folgt der Name der Tabelle: BUCH.

[3] In Klammern folgen die Spalten, die befüllt werden sollen (ISBN, TITEL, PREIS).

[4] Das Schlüsselwort VALUES leitet die Werte ein.

[5] In Klammern folgen dann die Werte, die eingetragen werden sollen – sie werden in der Reihenfolge, wie zuvor angegeben, geschrieben. Strings können in doppelten oder einfachen Hochkommas gesetzt werden – um die Befehle später in Java nutzen zu können, empfehlen sich einfache Hochkommas.

[6] Analog wird die Tabelle AUTOR mit einem Datensatz befüllt.

Der sicherlich wichtigste SQL-Befehl ist der SELECT-Befehl. Er erlaubt, aus der Datenbank eine Menge von Datensätzen abzufragen. Die allgemeine Form ist:

```
SELECT spalte_1, spalte_2, … spalte_n
FROM tabellenname
WHERE bedingung
```

SELECT liefert die Werte der angegebenen Spalten (in dieser Reichenfolge) aus der angegebenen Tabelle. Wobei die Werte der in der WHERE-Klausel definierten Bedingung entsprechen. Sollen alle Werte eines Datensatzes geliefert werden, kann statt den einzelnen Spalten die Wildcard * geschrieben werden. Die WHERE-Klausel kann weg gelassen werden – in diesem Fall werden alle Datensätze zurück geliefert.

FROM erlaubt auch, mehrere Tabellennamen (getrennt durch Kommas) anzugeben. In diesem Fall sollten die Namen von einem Variablennamen gefolgt werden, z.B. `FROM AUTOR a, BUCH b`. Diese Variable kann dann in der `WHERE`-Klausel zur Qualifizierung genutzt werden.

Zur Formulierung der `WHERE`-Klausel stehen (u.a.) die folgenden Möglichkeiten zur Verfügung:

- elementare Bedingungen mit `NOT`, `AND` oder `OR`
- Vergleiche mit <, <=, =, <> (ungleich), >= und >
- `LIKE` für String-Muster. Das Sonderzeichen `%` in String-Muster passt auf beliebig lange String-Teile, das Sonderzeichen _ passt auf beliebige Zeichen. `'%Java%'` repräsentiert z.B. alle Strings, die das Wort „Java" enthalten.
- `IS NULL` oder `IS NOT NULL` dient zur Abfrage auf `NULL`
- Werte unterschiedlicher Tabellen werden mit zuvor definierten Variablen qualifiziert

Im Folgenden werden einige Beispiele zum `SELECT`-Befehl gezeigt:

- Alle Datensätze aus der Tabelle `BUCH` ermitteln:

  ```
  SELECT * FROM BUCH;
  ```

- Alle Datensätze aus der Tabelle `BUCH` ermitteln, die 7,99€ oder weniger kosten:

  ```
  SELECT * FROM BUCH WHERE PREIS <= 7.99;
  ```

- Alle Datensätze aus der Tabelle `BUCH` ermitteln, die Java im Titel haben:

  ```
  SELECT * FROM BUCH WHERE TITEL LIKE '%Java%';
  ```

- Alle Datensätze aus der Tabelle `BUCH` ermitteln, die Java im Titel haben und 7,99€ oder weniger kosten:

  ```
  SELECT * FROM BUCH WHERE TITEL LIKE '%Java%' AND PREIS <=
  7.99;
  ```

- Preis und Titel der Bücher ermitteln, die „Marcus Vogt" (mit-)geschrieben hat:

  ```
  SELECT TITEL, PREIS FROM AUTOR a, BUCH b
  WHERE a.NAME = 'Marcus Vogt' AND a.ISBN = b.ISBN;
  ```

  Dieser Befehl ist besonders interessant, da er zwei Tabellen bearbeitet. Dabei stellt die Bedingung `a.ISBN = b.ISBN` sicher, dass aus der Tabelle `BUCH` nur die ISBN-Nummern gewählt werden, die im Datensatz von „Marcus Vogt" vorkommen.

Der `UPDATE`-Befehl erlaubt, eine Menge von Datensätzen in der Datenbank zu aktualisieren. Die allgemeine Form ist:

```
UPDATE tabellenname
SET spalte_1=wert_1, spalte_2=wert_2, … spalte_n=wert_n
WHERE bedingung
```

Dabei müssen nur Spalten angegeben werden, die auch aktualisiert werden sollen. Zur Aktualisierung dürfen auch die alten Werte auf der rechten Seite der Zuweisung genutzt werden.

- Das folgende Beispiel zeigt, wie alle Buchpreise unter 20€ um einen Euro erhöht werden:

```
UPDATE BUCH
SET PREIS = PREIS + 1
WHERE PREIS < 20;
```

Der `DELETE`-Befehl erlaubt, eine Menge von Datensätzen aus der Datenbank zu löschen. Die allgemeine Form ist:

```
DELETE FROM tabellenname
WHERE bedingung
```

Achtung: `DELETE` *ohne* `WHERE` löscht den Inhalt einer ganze Tabelle ohne Vorwarnung!

- Das folgende Beispiel löscht alle Nicht-Java-Bücher aus der `BUCH`-Tabelle:

```
DELETE FROM BUCH WHERE TITEL NOT LIKE '%Java%'
```

12.3 Datenbankzugriff mit JDBC[27]

JDBC definiert ein Paket von Klassen für den dynamischen Zugriff auf Datenbanken aus Java heraus. Die Klassen für den Datenbankzugriff mit JDBC liegen in den Paketen `java.sql`.

Die wesentlichen Aktionen für den Programmierer sind dabei:

- Verbindung zur Datenbank herstellen (mit den Klassen `DriverManager` und `Connection`)
- Eine SQL-Anweisung als String formulieren und ausführen (mit den Klasse `Statement`)
- Eine Ergebnismenge verarbeiten (mit den Klassen `ResultSet` und `ResultSetMetaData`)
- Fehler behandeln (mit der Klasse `SQLException`)

[27] Die folgenden Beispiele beziehen sich auf die Derby-Datenbank – für andere Datenbanken ist das Vorgehen aber analog.

Um einen Datenbankzugriff mit JDBC durchzuführen, muss bei der Ausführung der Treiber der Datenbank im Klassenpfad der Anwendung liegen. Der Treiber für JDBC ist eine jar-Datei, die mit der Datenbank ausgeliefert wird. Im Fall von Derby findet sich die Datei `derby.jar` im JDK-Ordner unter dem Pfad `db/lib/`.

Üblicherweise lässt sich eine jar-Datei in einer IDE einfach in ein Projekt einbinden – die Hilfe der IDE gibt dazu normalerweise unter dem Stichwort „buildpath" oder „classpath" Auskunft. Um das Programm direkt in der Konsole zu starten, ist (unter Windows) der folgende Aufruf notwendig (ggf. muss der Pfad des Derby-Treibers angepasst werden – Achtung: der Abschluss mit `;.` ist wichtig!):

```
java -classpath
"C:\jdk1.8.0\db\lib\derby.jar;." DBProgramm
```

Listing 67 zeigt, wie von Java aus mit Hilfe der zuvor beschriebenen SQL-Anweisungen eine Datenbank erstellt, geöffnet und befüllt wird.

```
import java.sql.*;                                                  ①

public class DBInitialisieren {                                     ②

    public static void main(String[] args) throws SQLException {
        Connection conn = DriverManager
                .getConnection("jdbc:derby:daten/db;create=true");  ③

        Statement stmt = conn.createStatement();                    ④

        stmt.executeUpdate("CREATE TABLE BUCH ("                    ⑤
                + "ISBN BIGINT NOT NULL, "
                + "TITEL VARCHAR(256), " + "PREIS FLOAT, "
                + "PRIMARY KEY (ISBN))");

        stmt.executeUpdate("CREATE TABLE AUTOR ("
                 + "NAME VARCHAR(30), "
                + "ISBN BIGINT)");                                  ⑥

        stmt.executeUpdate("INSERT INTO BUCH (ISBN, TITEL, PREIS)"
                + "VALUES (9783825239497, 'Java Lerntafel', 7.99)");

        stmt.executeUpdate("INSERT INTO BUCH (ISBN, TITEL, PREIS)"
                + "VALUES (9783825244132, 'Wirtschaftsinformatik "
                + "Wissensordner', 49.99)");

        // weitere Datensätze

        stmt.executeUpdate("INSERT INTO AUTOR (NAME, ISBN)"
                + "VALUES ('Marcus Vogt', 9783825244132)");

        stmt.close();                                               ⑦
        conn.close();
        System.out.println("Datenbank initalisiert");
    }
}
```

Listing 67: Programmatische Erzeugung und Befüllung der Tabellen BUCH und AUTOR

[1] Import der notwendigen Klassen – um Platz zu sparen, wird hier die Wildcard zum Import verwendet.

[2] Alle SQL-Anweisungen können eine SQL-Exception auslösen – um Platz zu sparen, wird der Fehler hier weitergereicht.

[3] Aufbau der Verbindung zur Datenbank. Der dazu notwendige String `"jdbc:derby:db/daten;create=true"` besteht aus den folgenden Teilen:
- Das Protokoll (`jdbc`): Es gibt an, dass die Verbindung mit Hilfe von JDBC stattfinden soll.
- Der Datenbanktyp (`derby`): Er gibt an, dass es sich dabei um eine Derby-Datenbank handelt. Auf Basis dieses Eintrags wird die entsprechende Derby-Treiberklasse zur Laufzeit geladen.[28]
- Der Datenbankpfad (`daten/db`): Er gibt an, wo die Datenbank liegt (im Verzeichnis `daten`) und wie sie heißt (`db`). Es ist auch möglich, einen absoluten Pfadnamen anzugeben.
- Weitere (durch Semikolon abgetrennte) Optionen: in diesem Fall die Option `create=true`, die anzeigt, dass die Datenbank, falls sie noch nicht existiert, angelegt werden soll. Weitere Optionen sind z.B. Benutzername und Passwort, falls die Datenbank passwortgeschützt ist.

[4] Erzeugung eines Statement-Objekts für die verbundene Datenbank.

[5] Anlegen der Tabellen `BUCH` und `AUTOR` mit den zuvor beschriebenen Eigenschaften. Der SQL-Befehl wird als String der Methode `executeUpdate` übergeben. Die Methode `executeUpdate(String)` führt Datenbankänderungen durch, d.h. sie sollte für `CREATE`-, `INSERT`-, `UPDATE`-, `DELETE`- und `DROP`-Befehle genutzt werden. Derby ist standardmäßig im Autocommit-Modus, d.h. wenn der Befehl erfolgreich durchgeführt ist, führt Java automatisch ein Commit aus.

[6] Eintrag der Datensätze in die Tabellen.

[7] Schließen des Statements und der Verbindung. Damit werden die Ressourcen wieder frei gegeben.

Listing 68 zeigt, wie in einem Java-Programm mit Hilfe der zuvor beschriebenen SQL-Anweisungen die Datenbank abgefragt wird.

---

[28] Bis zur Java-Version 6 musste diese Klasse explizit geladen werden. Ab Version 7 geschieht dies automatisch.

```
import java.sql.*;                                                          ❶

public class DBAbfragen {
                                                                            ❷
    public static void main(String[] args) throws SQLException {
        Connection conn = DriverManager
                .getConnection("jdbc:derby:daten/db;create=false");        ❸

        Statement stmt = conn.createStatement();                            ❹

        System.out.println("Alle Bücher abfragen");
        ResultSet rs = stmt.executeQuery("SELECT * FROM BUCH");             ❺
        while (rs.next()) {
            long isbn = rs.getLong("ISBN");
            String titel = rs.getString("TITEL");                           ❻
            double preis = rs.getDouble ("PREIS");
            System.out.println("\t" + isbn + " " + titel
                                        + ", " + preis + "€");
        }

        System.out.println("\nBücher von 'Marcus Vogt' abfragen");
        rs = stmt.executeQuery("SELECT TITEL, PREIS FROM Autor a, BUCH b"
                + " WHERE a.NAME = 'Marcus Vogt' AND a.ISBN = b.ISBN");
        while (rs.next()) {
            String titel = rs.getString(1);                                 ❼
            double preis = rs.getDouble (2);
            System.out.println("\t" + titel + ", " + preis + "€");
        }
        // weitere Abfragen
        stmt.close();                                                       ❽
        conn.close();
    }
}
```

Listing 68: Abfrage der Tabellen BUCH und AUTOR

[1] Import der notwendigen Klassen.

[2] Weiterreichen der SQL-Exceptions.

[3] Aufbau der Verbindung zur Datenbank. Der dazu notwendige String `"jdbc:derby:db/daten;create=false"` unterscheidet sich zu Listing 68, indem er eine fehlende Datenbank nicht erzeugt – in diesem Fall würde der Verbindungsaufbau fehlschlagen.

[4] Erzeugung eines Statement-Objekts für die verbundene Datenbank.

[5] Abfrage aller Datensätze der Tabelle BUCH. Der SQL-Befehl wird als String der Methode `executeQuery` übergeben. Die Methode `executeQuery(String)` führt Datenbankabfragen aus, d.h. sie sollte für `SELECT`-Befehle genutzt werden. Der Befehl liefert ein `ResultSet`-Objekt mit den gefundenen Datensätzen zurück.

[6] Das `ResultSet`-Objekt kann mit Hilfe der Methode `next(): boolean` bearbeitet werden:
   - `next()` liefert `true`, falls es einen weiteren Datensatz gibt, sonst `false`.
   - Gibt es einen weiteren Datensatz, kann auf die einzelnen Werte des Datensatzes mit Hilfe geeigneter Getter zugegriffen werden. Die Getter haben die Form `getInt(String):int`, `getString(String):String`, usw. Als Parameter wird der Name der Spalte angegeben. Es ist in der Verantwortung des Programmierers, den für die Spalte passenden Getter auszuwählen.

[7] Alternativ können Getter auch die Form `getString(int): String`, ... haben. Der `int`-Parameter gibt die Position des gesuchten Werts in der Suchanfrage (oder Tabelle bei *). Achtung: Im Gegensatz zu Java beginnt die Zählung bei 1.

[8] Schließen des Statements und der Verbindung.

Üblicherweise repräsentieren Tabellen die Daten von Objekten. Das Lesen und Schreiben von Tabellen geht damit meist einher mit dem Erzeugen von Objekten aus den gelesenen Daten oder Extrahieren der Daten aus Objekten, um sie zu schreiben.

12.4 Fragen

Die Lösungen befinden sich am Ende des Buchs.

Was sind die Vorteile einer Datenbank?

☐ Programmiersprachenunabhängigkeit
☐ Konvertierung der Daten beim Lesen
☐ sichere Speicherung der Daten
☐ Paketierung der Daten beim Lesen

Was ist die Aufgabe von JDBC?

☐ Verbindung von Java zur Datenbank
☐ Aufbereitung der Datenbankergebnisse
☐ Umsetzung der SQL-Befehle für die Datenbank
☐ Formatierung der Datenbank

Was bedeutet das ACID-Prinzip?

- ☐ Action | Creation | Inversion | Direction
- ☐ Atomicity | Consistency | Isolation | Durability
- ☐ Advanced | Computing | Information | Database
- ☐ Automatic | Classification | and Interpretation | of Data

Welche Befehle ändern die Datenbank?

- ☐ UPDATE
- ☐ SELECT
- ☐ DELETE
- ☐ CREATE

Welcher Befehl gehört zur DDL?

- ☐ UPDATE
- ☐ DROP
- ☐ DELETE
- ☐ CREATE

Schritt 13:

Graphische Benutzeroberflächen mit Swing: Einführung

Lernhinweise und Prüfungstipps

Was erwartet mich in diesem Kapitel?

In diesem Kapitel geht es um grafische Ein- und Ausgabe von Daten mit Hilfe der Swing-Klassenbibliothek.

Welche Schlagwörter lerne ich kennen?

■ GUI ■ AWT ■ Swing ■ Widget ■ Listener

Wofür benötige ich dieses Wissen?

Grafische Benutzeroberflächen sind notwendig für die Kommunikation mit dem Benutzer.

Welchen Prüfungstipp kann ich aus diesem Abschnitt ziehen?

In Prüfungen wird häufig gefordert, das Konzept von ereignisbasierter Programmierung zu erläutern.

Im Kapitel 11 „Datenströme/Streams" wurde die zeichenorientierte Ein- und Ausgabe vorgestellt. Moderne Systeme verfügen üblicherweise über eine grafische Benutzeroberfläche. Für solche Benutzeroberflächen gibt es eine Reihe von Bibliotheken. Im Folgenden wird hier die Swing-Bibliothek genutzt, die mit der Java-Standard-Edition ausgeliefert wird und die es erlaubt, moderne Oberflächen zu implementieren.

Die Swing-Bibliothek ist mit etwa 300 Klassen und Interfaces sehr umfangreich und kann hier nicht abgedeckt werden. In diesem Teil werden die grundlegenden Elemente der Interaktion vorgestellt. Damit ist es möglich, einfache Fenster mit Schaltflächen, Ein- und Ausgabeelementen zu erstellen und auf Ereignisse zu reagieren. Im Kapitel 14 werden komplexere Oberflächen vorgestellt.

13.1 Benutzeroberflächen

Die in Kapitel 11 gezeigten Streams erlauben es, Daten über die Konsole ein- und auszugeben. Dabei findet die Eingabe über Tastatur und Kommandozeile statt, das System reagiert nur auf ↵ (Enter) und Eingaben werden erst nach Drücken von ↵ verarbeitet. Demgegenüber stehen graphische Benutzeroberflächen (Graphical User Interfaces „GUI") mit einer Ereignissteuerung. Dabei können alle Eingabegeräte (Tastatur, Maus, ggfs. weitere Geräte) genutzt werden, die Oberflächen können unmittelbar auf eine Eingabe reagieren und es besteht die freie Wahl der Eingabefelder durch Mausklick.

Die GUI-Klassen in Java sind in zwei Stufen historisch gewachsen. Seit Java 1.1 gibt es den *Abstract Window Toolkit* (*AWT*). Das Prinzip von AWT ist es, die Widgets (Dialogelemente) des Betriebssystems direkt zu nutzen. Dies führt aber dazu, dass nur der kleinste gemeinsame Umfang aller Betriebssystemelemente genutzt werden kann. Die Programme sind dadurch zwar schnell und portabel, die Menge der Widgets ist aber eingeschränkt und AWT wirkt „altmodisch".

Seit Java 1.2 gibt es *Swing*, das z.T. auf den AWT-Klassen aufbaut. Swing implementiert alle Widgets in Java selbst, dadurch hat man die volle Kontrolle über das Aussehen und Verhalten. Swing-Klassen erkennt man typischerweise an dem Präfix „J" (z.B. `JButton`). Swing ist sehr flexibel, hat aber den Nachteil, dass es deutlich mehr Rechenleistung als AWT benötigt – was aber bei heutigen Prozessorleistungen nicht mehr ins Gewicht fällt. Darüber hinaus gibt es noch zahleiche weitere Oberflächenbibliotheken für Java, z.B. SWT (www.eclipse. org/swt/) oder JFace (wiki.eclipse. org/JFace).

Auf Basis der Oberflächenbibliotheken gibt es sog. *Interface-Builder* (z.B. Matisse von Netbeans). Mit einem Interface-Builder kann die grafische Oberfläche

„gezeichnet“ und Code an vorgesehenen Stellen hinzugefügt werden. Dies erlaubt eine zunächst einfache Erstellung von Oberflächen, allerdings kann der daraus erzeugte Code meist nur mit dem Erstellungswerkzeug gewartet werden und enthält oft ineffiziente und umständliche Code-Teile. Wir empfehlen deshalb, Interface-Builder nur für Prototypen zu nutzen und die eigentliche Benutzeroberfläche „von Hand“ zu erstellen.

13.2 Aufbau von Swing-Oberflächen

Die Swing-Klassen finden sich im Paket `javax.swing` und seinen Unterpaketen. Evtl. noch benötigte AWT-Klassen finden sich im Paket `java.awt` und seinen Unterpaketen. Um eine grafische Benutzeroberfläche zu erstellen, muss eine eigene Klasse für die Oberfläche erstellt werden. Diese Klasse

- ist üblicherweise eine Unterklasse von `JFrame`,
- ist die aktive Komponente und enthält die `main`-Methode,
- zeigt Daten an und erlaubt, Daten zu manipulieren.

Klassen mit Daten und Geschäftslogik sind meist passive Komponenten, die von der Oberflächenklasse angestoßen werden.

> Eine Oberflächenklasse wird als Unterklasse von `JFrame` definiert. Die Klasse enthält meist die `main`-Methode, die die Oberfläche startet.
>
> Im Konstruktor werden
>
> - die Widgets initialisiert,
> - das Layout der Widgets festgelegt,
> - die Interaktion zwischen den Widgets definiert
> - und das Gesamtlayout des Fensters festgelegt.

Listing 69 zeigt eine einfache Oberflächenklasse, die ein Fenster öffnet.

```
import java.awt.Dimension;                                        ❶
import javax.swing.JFrame;

public class Oberflaeche extends JFrame{                           ❷

    private static final int WIDTH = 300, HEIGHT = 200;            ❸

    public Oberflaeche(){                                          ❹
```

```
        // hier ...
        // Widgets definieren                                    5
        // Widget-Layout festlegen
        // Widget-Interaktion definieren
                                                                 6
        this.setTitle("Oberfläche");
        this.setPreferredSize(new Dimension(WIDTH, HEIGHT));
        this.setLocationByPlatform(true);
        this.setDefaultCloseOperation(EXIT_ON_CLOSE);
        this.pack();
        this.setVisible(true);
    }

    public static void main(String[] args){                      7
        new Oberflaeche();
    }
}
```

Listing 69: Aufbau einer Oberflächenklasse

Die wesentlichen Elemente sind dabei:

[1] Import der notwendigen AWT- und Swing-Klassen.

[2] Oberflächenklasse als Unterklasse von `JFrame`.

[3] Definition der Breite und Höhe des Fensters in Pixeln.

[4] Konstruktor der Oberflächenklasse, der alle Interaktionselemente zusammensetzt.

[5] Hier werden später die einzelnen Widgets definiert und platziert.

[6] Definition des Gesamtlayouts und -verhaltens bestehend aus:

- Titel des Fenster: `setTitle("Oberfläche");` alternativ kann der Titel auch mit Hilfe von `super("Oberfläche")` zu Beginn gesetzt werden.
- Größe des Fensters (in Pixeln) `this.setPreferredSize(...)`
- Standardplatzierung beim Öffnen gemäß der Strategie des Betriebssystems: `this.setLocationByPlatform(true)`
- Beenden der Applikation beim Schließen (Drücken des „Schließen-Kreuzes"): `this.setDefaultCloseOperation(EXIT_ON_CLOSE)` – fehlt dieser Befehl, wird das Fenster nur unsichtbar, läuft aber noch im Hintergrund.
- Layout realisieren: `this.pack()` – erst dadurch werden die zuvor definierten Layouteinstellungen umgesetzt. Fehlt dieser Befehl, erscheint zunächst nur die Titelleiste.
- Fenster sichtbar machen: `this.setVisible(true)` – fehlt dieser Befehl, bleibt das Fenster nur unsichtbar, läuft aber im Hintergrund.

[7] `main`-Methode, die die Oberfläche erzeugt und damit das Fenster öffnet.

Abb. 15: Fenster der Oberfläche aus Listing 69

13.3 Einfache Widgets

Das Beispiel aus Listing 69 ist bisher ein leerer Rahmen, der noch keine Widgets enthält. Um Widgets darstellen zu können, müssen sie in einem Swing-Container platziert werden. Der gefüllte Container wird dann dem `JFrame` übergeben, das ihn dann (mit seinem Inhalt) darstellen kann. Dieser darzustellende Container wird Content Pane genannt. Die Methode zum Setzen ist `setContentPane (Container)`, wobei als Parameter alle Swing-Elemente möglich sind (da alle eine Unterklasse von `Container` darstellen).

Der Standardcontainer von Swing ist die Klasse `JPanel`. `JPanel` kann beliebige weitere Container-Objekte (also alle Swing-Elemente) aufnehmen. `JPanel` kann folgendermaßen genutzt werden:

- Erzeugung: `JPanel p = new JPanel();`
- Hinzufügen eines Swing-Elements: `p.add(Container);` – dabei sind als Parameter alle Swing-Elemente möglich (auch weitere `JPanels`)
- Die Elemente werden standardmäßig von links nach rechts, und von oben nach unten verteilt, andere Strategien werden später vorgestellt.

Die wichtigsten Darstellungselemente zur Anzeige von Text und der Entgegennahme von Reaktionen sind `JLabel` (eine Beschriftung), `JTextField` und `JTextArea` (Textein-/-ausgabeelemente) und `JButton` (eine Schaltfläche). Diese Elemente haben die folgenden Eigenschaften:

- Die Beschriftung `JLabel`
  - dient dazu, nicht-editierbare Texte („Beschriftungen“) anzuzeigen.
  - Erzeugung: `JLabel l = new JLabel ("Beschriftung");`
- Textfeld `JTextField`
  - zur Eingabe und Darstellung *einer* Textzeile.

- Erzeugung `JTextField f = new JTextField(int columns);` dabei gibt der Parameter die Anzahl der Spalten (≈ Buchstaben) an. Falls kein Wert angegeben wird, passt sich das Feld dem verfügbaren Platz an.
- Setzen des Texts: `f.setText("Ein Text");` Lesen des Texts: `String s = f.getText();`
- Weitere Methoden, um Verhalten festlegen: z.B. keine Eingabe zulassen `f.setEditable(false);` Standard ist `true`.

■ Die Textkomponente `JTextArea`
- Zur Eingabe und Darstellung mehrerer Textzeilen.
- Erzeugung: `new JTextArea(int rows, int columns);` dabei geben die Parameter die Zeilen und Spalten an. Falls kein Wert angegeben wird, passt sich das Feld dem verfügbaren Platz an.
- Zentrale Methoden sind:
  - `setText(String)` – einen Text setzen,
  - `append(String)` – einen Text anhängen,
  - `getText():String` – den gesamten Text zurückgeben,
  - `getSelectedText():String` – den selektierten Text zurückgeben.

■ Schaltfläche `JButton`
- Definiert eine Schaltfläche, die gedrückt werden kann (wie auf einen „Druck“ reagiert werden kann, wird im nächsten Abschnitt gezeigt).
- Erzeugung: `JButton b = new JButton("Drücken");` der Parameter legt die Beschriftung der Schaltfläche fest.
- Verhalten festlegen: `f.setEnabled(false);` `false` bedeutet, dass die Schaltfläche deaktiviert ist; Standard: `true`

Listing 70 zeigt auf Basis des vorgestellten Rahmens eine grafische Benutzeroberfläche, die eine Beschriftung, Textfelder und einen Button enthält. Startet man die Klasse, erscheint das folgende Fenster (Abbildung 16), in dem Texte eingegeben werden können und die Schaltfläche gedrückt werden kann (allerdings noch ohne Effekt).

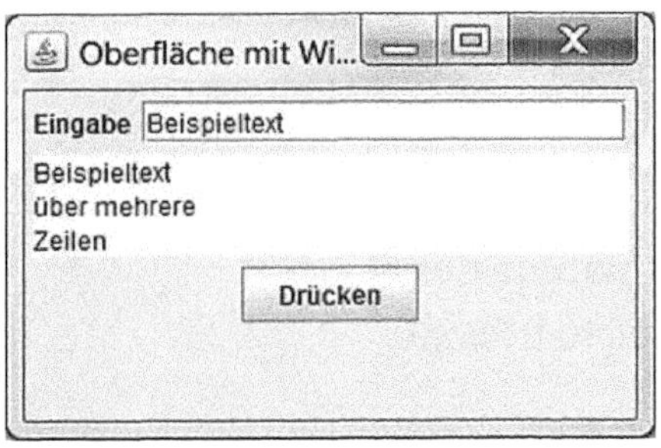

Abb. 16: Gestartete Benutzeroberfläche

```
import java.awt.Dimension;

import javax.swing.JButton;
import javax.swing.JFrame;                                  ❶
import javax.swing.JLabel;
import javax.swing.JPanel;
import javax.swing.JTextArea;
import javax.swing.JTextField;

public class Oberflaeche extends JFrame{
                                                            ❷
    private static final int WIDTH = 300, HEIGHT = 200;

    public Oberflaeche(){
        JPanel p     = new JPanel();                        ❸

        JLabel l     = new JLabel("Eingabe");
        JTextField f = new JTextField(20);                  ❹
        JTextArea a  = new JTextArea(3, 25);
        JButton b    = new JButton("Drücken");

        f.setText("Beispieltext");                          ❺
        a.setText("Beispieltext\nüber mehrere\nZeilen");

        p.add(l); p.add(f); p. add(a); p.add(b);            ❻

        this.setContentPane(p);                             ❼
                                                            ❽
        this.setTitle("Oberfläche mit Widgets");
        this.setPreferredSize(new Dimension(WIDTH, HEIGHT));
        this.setLocationByPlatform(true);
        this.setDefaultCloseOperation(EXIT_ON_CLOSE);
        this.pack();
        this.setVisible(true);
    }

    public static void main(String[] args){
        new Oberflaeche();
    }
}
```

Listing 70: Eine grafische Oberfläche mit Label, Textfeldern und Schaltfläche

Das Programm besteht aus folgenden Elementen:

[1] Import der notwendigen Klassen

[2] Definition der Fenstermaße.

[3] Erzeugung eines Standardcontainers zur Aufnahme der Widgets.

[4] Erzeugung der Beschriftung, Textfelder und Schaltfläche:

- eine Beschriftung mit Titel „Eingabe".
- ein einzeiliges Textfeld der Größe 20.

- ein Textfeld mit drei Zeilen und 25 Spalten
- ein Button mit dem Namen „Drücken“

[5] Initialisierung der Textfelder mit einem Text.
[6] Hinzufügen der Widgets zum Standardcontainer.
[7] Eintragen des Standardcontainers als Content-Pane des Fensters.
[8] Definition der übrigen Fenstereigenschaften (siehe Listing 69) und Start der Oberfläche.

13.4 Interaktion mit Widgets

Wird die Schaltfläche im vorigen Programm gedrückt, hat das noch keinen Effekt. Dazu muss eine Interaktion zwischen den Komponenten eingeführt werden.

Interaktionen in graphischen Benutzeroberflächen sind *ereignisgesteuert*.

- Eine Aktion (z.B. Mausklick, Tastatureingabe) an einer Komponente löst ein Ereignis aus.
- Damit eine Komponente auf ein Ereignis reagieren kann, muss ein *Listener*-Objekt erzeugt werden, das an die Komponente gebunden wird.
- Das Listener-Objekt implementiert in seinen Methoden die Reaktionen auf die Ereignisse und ändert z.B. andere Komponenten, was wiederum dort Ereignisse auslösen kann.

Java sieht für verschiedene Interaktionsformen je nach Ereignis unterschiedliche Listener vor. So „hört“ z.B. ein `ActionListener` auf das Drücken der Schaltfläche.[29] Listener in Java sind zunächst Interfaces, d.h. wenn man einen Listener erstellen möchte, muss man das zugehörige Interface implementieren. Der zur Schaltfläche zugehörige Listener ist das Interface `ActionListener`, das die Methode `actionPerformed(ActionEvent e)` vorschreibt. In dieser Methode kann die Reaktion auf den Druck der Schaltfläche definiert werden. Das Listener-Objekt wird mit der Methode `addActionListener(ActionListener)` zu der Schaltfläche hinzugefügt. So wäre z.B. ein ActionListener, der auf einen Button-Druck reagiert, folgendermaßen zu realisieren (Listing 71):

[29] Weitere Listener werden in Kapitel 14 vorgestellt.

```
import java.awt.event.ActionEvent;                              ❶
import java.awt.event.ActionListener;
import javax.swing.JTextArea;

public class ButtonListener implements ActionListener {         ❷

    private JTextArea area;                                     ❸

    public ButtonListener(JTextArea area) {
        this.area = area;
    }
                                                                ❹
    public void actionPerformed(ActionEvent e) {
        area.append("\nButton gedrückt");                       ❺
    }
}


import java.awt.*;
import javax.swing.*;

public class Oberflaeche extends JFrame{
    ...
    public Oberflaeche(){
        JPanel p     = new JPanel();
        ...
        JButton b    = new JButton("Drücken");
        ...
        b.addActionListener(new ButtonListener(a));             ❻
        p.add(l); p.add(f); p. add(a); p.add(b);

        this.setContentPane(p);

        ...
    }
    ...
}
```

Listing 71: Definition eines ActionListeners

[1] Import der notwendigen Klassen und Interfaces.

[2] Die neue Listener-Klasse `ButtonListener` muss das Interface `ActionListener` implementieren.

[3] Eine JTextArea wird als private Instanzvariable über den Konstruktor gesetzt – dieses Textfeld soll von dem Listener nach dem Drücken bearbeitet werden.

[4] `ActionListener` verlangt die Implementierung der Methode `actionPerformed(ActionEvent)`.

[5] Hier wird nun ein Text an die `JTextArea` angehängt.

[6] Zusätzlich zum vorigen Listing 70 wird ein `ButtonListener`-Objekt (mit der `JTextArea` als Parameter) erzeugt und mit der Methode `addActionListener(...)` an die Schaltfläche gebunden. Damit wird die Methode

`actionPerformed(...)` des Listeners jedes Mal ausgeführt, wenn die Schaltfläche gedrückt wird.

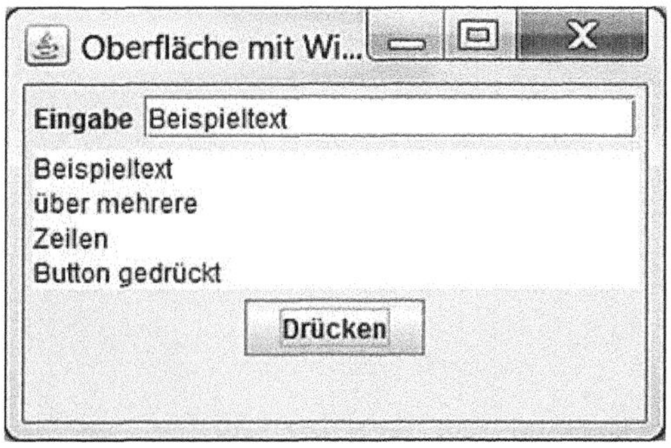

Abb. 17: Das Fenster, nachdem einmal der Button gedrückt worden ist

In dem Beispiel greift der Listener auf die `JTextArea` zu. Dazu muss sie als Parameter übergeben werden. Da Listener oft nur wenige Codezeilen, aber häufigen Zugriff auf andere Widgets benötigen ist diese Vorgehensweise sehr umständlich.

Für diesen Fall ist es in Java deshalb möglich, implementierende Instanzen (und auch Unterklassen) direkt bei der Erzeugung der Variablen als „anonyme Klassen" zu definieren. Dies geschieht dadurch, dass man ein Objekt von diesem Interface mit dem `new`-Operator erzeugt und dabei mit einem Klassenkörper versieht. In diesem Klassenkörper müssen die für das Interface definierten Methoden implementiert werden, dabei kann aber auf die Variablen der Umgebung unmittelbar zugegriffen werden.

Das vorige Beispiel kann als anonyme Klasse folgendermaßen formuliert werden (Listing 72):

```
import java.awt.*;
import javax.swing.*;

public class Oberflaeche extends JFrame{
    ...
    public Oberflaeche(){
        JPanel p     = new JPanel();
        ...
        JTextArea a  = new JTextArea(3, 25);
        JButton b    = new JButton("Drücken");
        ...
        p.add(l); p.add(f); p. add(a); p.add(b);
```

```
        b.addActionListener(new ActionListener(){
            public void actionPerformed(ActionEvent e) {
                a.append("\nButton gedrückt");
            }
        });

        this.setContentPane(p);
        ...
    }
    ...
}
```

Listing 72: Ein anonymer `ActionListener`

Die wesentlichen Elemente sind dabei:

[1] Der `ActionListener` wird mit **`new`** `ActionListener(){...}` direkt als anonyme Klasse erzeugt und für die Schaltfläche gesetzt.

[2] Wie zuvor muss die Methode `actionPerformed` innerhalb des Körpers der anonymen Klasse implementiert werden.

[3] Dies erlaubt nun auf einfache Art und Weise den direkten Zugriff auf die anderen Variablen und – in diesem Fall – die Änderung der `JTextArea`.

Der Nachteil für diesen Ansatz ist, dass jede weitere Nutzung erneut definiert werden muss. Trotz dieses Nachteils halten wir diesen Ansatz für den, der bei der Erstellung einer Oberfläche zuerst verfolgt werden sollte, da er – in Kombination mit der in Kapitel 14 vorgeschlagenen Codeorganisation – den übersichtlichsten Code produziert.[30]

---

[30] In der Literatur findet sich auch oft der Ansatz, die Oberflächenklasse selbst gleichzeitig zur implementierenden Klasse zu machen. Davon raten wir ab, da es Interaktion und Darstellung zu sehr verwischt und nur schwer zu testen ist.

13.5 Fragen

Die Lösungen befinden sich am Ende des Buchs.

Welche Eigenschaften hat eine zeichenbasierte Oberfläche?

☐ Kommandozeileneingabe
☐ Ereignissteuerung
☐ Reaktion auf Mausklick
☐ Fortsetzung bei Enter

Welche Eigenschaften hat ein Graphical User Interface (GUI)?

☐ Kommandozeileneingabe
☐ Ereignissteuerung
☐ feste Eingabereihenfolge
☐ nur mit objektorientierter Programmierung möglich

Was ist die Aufgabe eines JFrame?

☐ Ausgabe auf Konsole
☐ Verwaltung der Widgets
☐ Darstellung der Daten
☐ Verbindung zur Datenbank

Was ist die Aufgabe eines JTextField?

☐ Textkonvertierung
☐ Textspeicherung
☐ Textein-/-ausgabe
☐ Textverarbeitung

Was ist die Aufgabe eines Listeners?

☐ Öffnen von Dateien.
☐ Initialisierung der Widgets
☐ Reaktion auf Ereignisse
☐ Darstellung der Daten

Schritt 14:

Graphische Benutzer-oberflächen mit Swing: komplexere Oberflächen

Lernhinweise und Prüfungstipps

Was erwartet mich in diesem Kapitel?

In diesem Kapitel geht es um weitere Konzepte und Möglichkeiten bei der grafischen Ein- und Ausgabe von Daten mit Hilfe der Swing-Klassenbibliothek.

Welche Schlagwörter lerne ich kennen?

■ Model-View-Controller (MVC) ■ Layout-Manager

Wofür benötige ich dieses Wissen?

Die Konstruktion von grafischen Benutzeroberflächen mit Hilfe des MVC-Konzepts ist notwendig, um eine bessere Wartbarkeit zu erzielen. Der Einsatz von Layout-Managern erlaubt die einfache Anordnung von Oberflächenelementen.

Welchen Prüfungstipp kann ich aus diesem Abschnitt ziehen?

In Prüfungen wird häufig gefordert, das MVC-Konzept zu erläutern oder die verschiedenen Layout-Manager abzugrenzen.

Aufbauend auf dem vorigen Kapitel wird an einem umfangreichen Beispiel gezeigt, wie eine komplexere Oberfläche für eine Anwendung erstellt werden kann. Anhand dieses Beispiels werden die folgenden Aspekte vorgestellt:

- Das *Model-View-Controller-Konzept*, das eine Trennung von Geschäftslogik und Oberfläche vorsieht.
- Weitere Widgets, die es erlauben, auch komplexere Interaktionen zu realisieren.
- Layout-Manager, die es erlauben, die Platzierung von Widgets zu kontrollieren.

14.1 Komplexere Oberflächen

Im vorigen Abschnitt konnten alle Oberflächenelemente direkt im Konstruktor definiert und initialisiert werden. Dies wird selbst bei einfachen Oberflächen schnell unübersichtlich. Aus diesem Grund schlagen wir vor, unterschiedliche Aktionen in Hilfsmethoden zu gruppieren, um so mehr Überblick zu behalten.

Eine Oberflächenklasse wird als Unterklasse `JFrame` definiert. Der Konstruktor sollte folgendermaßen aufgebaut werden:

[1] Instanzierung der benötigten Daten und Widgets.

[2] Initiale Belegung der Widgets in einer Methode `init Widgets()`.

[3] Festlegung des Widgets-Layouts in einer Methode `widgetLayout ():JPanel`.

[4] Festlegung der Widgets-Interaktionen in einer Methode `widgetInteraction()`.

[5] Definition des grundlegenden Layouts der Oberflächenklasse in einer Methode `frameLayout()`.

Listing 73 zeigt den typischen Aufbau einer (unvollständigen) Oberflächenklasse.

```
import java.awt. …;
import java.swing.…;                                              ①

public class Oberflaeche extends JFrame {                         ②

    private static final String TITLE = "Oberfläche";             ③
    private static final int HEIGHT = …, WIDTH = …;

    private Daten daten;                                          ④
    private J… widget1, widget2, …;
                                                                  ⑤
    public Oberflaeche() {
        daten   = new Daten(…);                                   ⑥
        widget1 = new J…(…);

        initWidgets();                                         → ⑦
        JPanel content = widgetLayout();                       → ⑧
        widgetInteraction();                                   → ⑨
        setContentPane(content);
        frameLayout();                                         → ⑩
    }

    private void initWidgets() {
        // Initialisierung der Oberflächenelemente.                ⑦
    }

    private JPanel widgetLayout() {
        JPanel panel = new JPanel();                              ⑧
        // Platzierung der Oberflächenelemente
        // auf dem panel.
        return panel;
    }

    private void widgetInteraction() {
        // Erzeugung der Listener und Festlegung
        // der Interaktionen.                                     ⑨
    }

    private void frameLayout() {                                  ⑩
        this.setTitle(TITLE);
        this.setPreferredSize(new Dimension(WIDTH, HEIGHT));
        this.setLocationByPlatform(true);
        this.setDefaultCloseOperation(EXIT_ON_CLOSE);
        this.pack();
        this.setVisible(true);
    }

    public static void main(String[] args) {
        new Oberflaeche();
    }
}
```

Listing 73: Aufbau einer Oberflächenklasse

Die wesentlichen Elemente sind dabei:

[1] Import der notwendigen Klassen.

[2] Oberflächenklasse als Unterklasse von `JFrame`.

[3] Definition des Fenstertitels und der Höhe und Breite des Fensters in Pixeln.

[4] Deklaration der Daten und Widgets.

[5] Konstruktor der Oberflächenklasse, der alle Interaktionselemente zusammensetzt.

[6] Erzeugung der Daten und Widgets.

[7] Hilfsmethode `initWidgets()` initialisiert die Widgets, z.B. Vorbelegung von Textfeldern.

[8] Erzeugung des Widget-Layouts durch die Hilfsmethode `widgetLayout()`. Diese Methode liefert ein `JPanel`-Objekt zurück, das die gesamte Fensteroberfläche definiert. Dieses Objekt wird mit der Methode `setContentPane(...)` gesetzt.

[9] Erzeugung der Widget-Interaktion durch die Hilfsmethode `widgetInteraction()`. Hier werden die Listener definiert.

[10] Definition des Gesamtlayouts in der Hilfsmethode `frame Layout()`
- Titel des Fenster: `this.setTitle(...)`
- Größe des Fensters (in Pixeln) `this.setPreferredSize(...)`
- Standardplatzierung beim Öffnen: `this.setLocationByPlatform(true)`
- Applikation beim Schließen beenden: `this.setDefaultCloseOperation(EXIT_ON_CLOSE)`
- Zuvor definierte Layout-Elemente platzieren: `this.pack()`
- Fenster sichtbar machen: `this.setVisible(true)`

14.2 Übersicht über das Anwendungsbeispiel

Als etwas komplexeres Anwendungsbeispiel sollen Bücher verwaltet werden. Abbildung 18 zeigt eine Skizze der geplanten Oberfläche.

Die Anwendung soll die folgenden Funktionen realisieren:

[1] Buchtitel sollen in einer Liste dargestellt werden.

[2] Ein Titel soll ausgewählt werden können.

[3] Ist ein Titel ausgewählt, sollen Details zum ausgewählten Buch angezeigt werden.

[4] Ein ausgewählter Titel soll auch aus der Liste entfernt werden können.

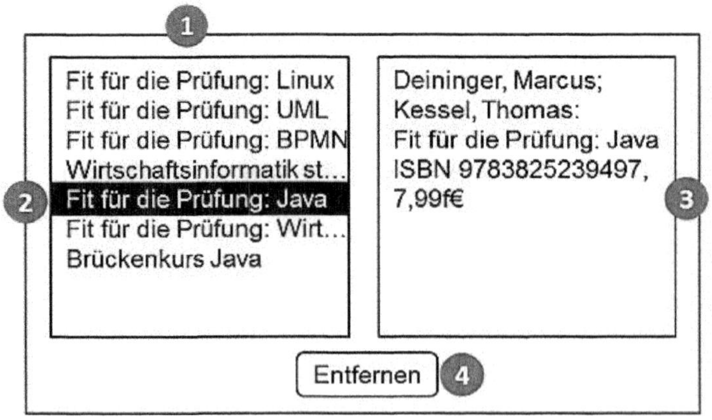

Abb. 18: Skizze der geplanten Oberfläche.

Die Buchdaten werden im Beispiel im Programm erzeugt – es ist aber leicht vorstellbar, dass die Daten aus einer Datenbank, wie in Kapitel 12 gezeigt, kommen können.

14.3 MVC: Trennung von Oberfläche und Anwendung

Die Buchdaten, die auf der Oberfläche dargestellt werden sollen, werden in einer Klasse `Buch` und `Katalog` verwaltet. Ein Objekt der Klasse `Buch` repräsentiert ein einzelnes Buch (Listing 74) mit den Daten der Autoren, dem Titel, der ISBN-Nummer und dem Preis.

```
public class Buch {

    private String autoren;
    private String titel;
    private long isbn;
    private double preis;

    public Buch(String autoren, String titel,
                    long isbn, double preis) {
        this.autoren = autoren;
        this.titel = titel;
        this.isbn = isbn;
        this.preis = preis;
    }

    public String toString() {
        return titel;
    }
```

```
    public String getReferenz(){
        return autoren + ":\n" + titel + "\nISBN "
                + isbn + ", " + preis + "€";
    }
}
```

Listing 74: Die Klasse Buch

Der Katalog repräsentiert eine Sammlung von Büchern (Listing 75).

```
import java.util.ArrayList;
import java.util.List;

public class Katalog {

    private List<Buch> buecher = new ArrayList<>();         1

    public void einfuegen(Buch buch){                       2
        buecher.add(buch);
    }

    public void entfernen(Buch buch){                       3
        buecher.remove(buch);
    }

    public Buch[] getBuecher(){                             4
        Buch[] buecher = new Buch[this.buecher.size()];
        for (int i = 0; i < buecher.length; i++)
            buecher[i] = this.buecher.get(i);
        return buecher;
    }

    public static Katalog getBeispiel(){                    5
        Katalog katalog = new Katalog();

        katalog.einfuegen(
            new Buch("Kessel, Thomas; Vogt, Marcus",
            "Fit für die Prüfung: Wirtschaftsinformatik",
            9783825244309L, 12.99));
        katalog.einfuegen(
            new Buch("Deininger, Marcus; Kessel, Thomas",
            "Fit für die Prüfung: Java",
            9783825244323L, 12.99));
        // weitere Bücher

        return katalog;
    }
}
```

Listing 75: Die Klasse Katalog

`Katalog` besitzt dabei die folgenden Aspekte:

[1] Die Bücher werden in einer `ArrayList` gesammelt.

[2] Mit der Methode `einfuegen(Buch)` kann ein Buch in die Sammlung eingetragen werden.

[3] Mit der Methode `entfernen(Buch)` kann ein Buch aus der Sammlung gelöscht werden.

[4] Die Methode `getBuecher()` liefert die Bücher der Sammlung zurück – für die grafische Benutzeroberfläche muss dies als Array sein.

[5] Die Klassenmethode `getBeispiel()` liefert einen Katalog mit einer Reihe von Beispielbüchern zurück – in einem „echten" Programm kämen diese Daten von der Datenbank.

Man kann erkennen, dass `Katalog` und `Buch` unabhängig von Darstellung und Interaktion sind – denn sie enthalten ausschließlich Geschäftslogik, aber keinerlei AWT- oder Swing-Elemente. Dies hat den Vorteil, dass dieselben fachlichen Klassen und Daten von unterschiedlichen Benutzeroberflächen auf verschiedene Arten präsentiert werden (z.B. auf PC oder dem Smartphone, in deutschem oder amerikanischem Format usw.) Diese strikte Trennung und Unabhängigkeit der Geschäftslogik und Datenmodell von der Darstellung sollte immer eingehalten werden. Eine Vermischung führt zu unsicherem, undurchsichtigem und schwer wartbaren Code.

Die Trennung von Geschäftslogik und Darstellung wird auch das *MVC-Prinzip* (Model-View-Controller) genannt.

- Die Daten/die Logik der Anwendung sind das *Model*, das keine Darstellungselemente kennt.
- Die Darstellung (z.B. `JFrame`) ist die *View*, die die Daten und Logik verwendet.
- Die Listener und ihre Verarbeitungslogik sind die *Controller*, die die Interaktionselemente anstoßen.

Die Anwendung des MVC-Prinzips bedeutet, dass wir im Folgenden die Oberfläche und die Listener auf Basis der bestehenden Geschäftsklassen und ihrer Schnittstellen entwickeln können.

14.4 Weitere Widgets: Auswahllisten

Im ersten Schritt sollen nun die Bücher des Katalogs in einer Liste dargestellt werden. Dazu nutzen wir die Liste (`JList`) und den zugehörigen Listener

(`ListSelectionListener`). Die `JList` erlaubt die Einfach-/Mehrfach-Auswahl aus einer Liste aus Objekten gleichen Typs. Sie hat die folgenden Eigenschaften:

- Erzeugung mit einem Typparameter (wie z.B. bei der `ArrayList`), der sicher stellt, dass nur Elemente des angegebenen Typs eingetragen werden können:
  - `new JList<Typ>()` oder
  - `new JList<Typ>(Typ[])` – in diesem Fall wird die Liste mit den Elementen des übergebenen Arrays vorbelegt. Die Objekte werden mit Hilfe ihrer `toString`-Repräsentation dargestellt.
- Wichtige Methoden:
  - `setListData(Typ[])` – Belegt die Liste mit den Elementen des übergebenen Arrays
  - `getSelectedValue():Typ` – Liefert das aktuell selektierte Objekt. Ist kein Objekt selektiert, wird `null` zurückgegeben.
  - `addListSelectionListener (ListSelectionListener)` – Fügt einen `ListSelectionListener` hinzu.
  - `setSelectedValue(Object, boolean)` – Selektiert das übergebene Objekt (wenn es in der Liste ist); wenn **`true`** mitgegeben wird, scrollt die Liste automatisch zum selektierten Objekt.

Der passende Listener ist durch das Interface `ListSelectionListener` vorgegeben. Für implementierende Klassen gilt Folgendes:

- Es muss die Methode `valueChanged(Event)` implementiert werden. Diese Methode wird ausgelöst wird, wenn ein Objekt selektiert oder deselektiert wird.
- Nutzt man den Listener, muss man beachten, dass die Methode `valueChanged(Event)` bei einer Selektion immer mehrmals ausgelöst wird. Grund dafür ist, dass nach dem ersten Auslösen, noch Anpassungen stattfinden können. Aus diesem Grund muss abgefragt werden, ob die Liste bereit ist. Dies kann von dem Event mit der Methode `getValueIsAdjusting():boolean` abgefragt werden. Erst wenn die Methode `false` liefert, sind alle Anpassungen fertig und die Aktion kann ausgeführt werden.

Listing 76 zeigt das Programm zur Darstellung der Katalogdaten.

```
import java.awt.*;
import javax.swing.*;

public class Oberflaeche extends JFrame {

    private static final String TITLE = "Bücher";
    private static final int HEIGHT = 250, WIDTH = 350;
```

```
    private Katalog katalog;
    private JList<Buch> liste;                              ❶

    public Oberflaeche() {
        katalog = Katalog.getBeispiel();                    ❷
        liste = new JList<>();                              ❸

        initWidgets();
        JPanel content = widgetLayout();
        widgetInteraction();
        setContentPane(content);
        frameLayout();
    }

    private void initWidgets() {
        liste.setListData(katalog.getBuecher());            ❹
    }

    private JPanel widgetLayout() {
        JPanel panel = new JPanel();
        panel.add(liste);                                   ❺
        return panel;
    }

    private void widgetInteraction() {
        // noch keine Interaktion
    }

    private void frameLayout() {
        // wie vorher
        ...
    }

    public static void main(String[] args) {
        new Oberflaeche();
    }
}
```

Listing 76: Darstellung der Daten in einer Liste

Die Struktur des Programms entspricht dem Listing 73, neu sind die folgenden Elemente:

[1] Definition der Instanzvariablen für Modell (`katalog`) und Widget (`liste`).

[2] Initialisierung der Modelldaten (siehe Listing 75).

[3] Erzeugung des `JList`-Objekts.

[4] Belegung der Liste mit den Büchern des Katalogs.

[5] Einfügen der Liste in den Standardcontainer.

Der Start des Programms liefert das folgende Fenster (Abbildung 19). Die einzelnen Bücher werden pro Zeile mit Hilfe ihrer `toString`-Methode dargestellt und können mit der Maus selektiert werden (ohne dass zunächst etwas passiert).

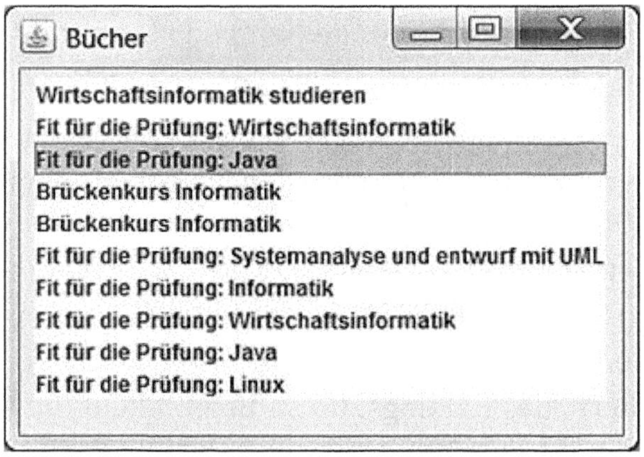

Abb. 19: Ein Fenster mit einer Liste der Bücher

Im zweiten Schritt soll nun ein Textfeld hinzugefügt werden, das die vollständige Referenz für ein selektiertes Buch anzeigt, und eine Schaltfläche, die ein selektiertes Buch löschen kann. Listing 77 zeigt dabei die Definition des Layouts, Listing 78 die Definition der Interaktion.

```
import ...

public class Oberflaeche extends JFrame {
    ...
    private Katalog katalog;                                  ①
    private Buch auswahl;

    private JList<Buch> liste;
    private JTextArea text;                                   ②
    private JButton entfernen;

    public Oberflaeche() {
        katalog = Katalog.getBeispiel();                      ③
        liste = new JList<>();
        text = new JTextArea();                               ④
        entfernen = new JButton("Entfernen");
        ...
    }

    private void initWidgets() {
        liste.setListData(katalog.getBuecher());              ⑤
        auswahl = null;
    }

    private JPanel widgetLayout() {
        JPanel panel = new JPanel();
        panel.add(liste);
        panel.add(text);                                      ⑥
        panel.add(new JLabel("Bücher verwalten"));
        panel.add(entfernen);
        return panel;
    }
    ...
}
```

Listing 77: Definition einer Oberfläche mit weiteren Widgets

Der erste Teil des Listings (Listing 77) definiert das Modell und das Layout der Elemente.

[1] Zusätzlich wird eine Modellvariable `auswahl` definiert. Diese Variable wird benötigt, um das aktuell selektierte Buch zu referenzieren. Falls kein Buch selektiert ist, soll sie **`null`** enthalten.

[2] Definition der zusätzlichen Text- und Button-Widgets.

[3] Initialisierung der Modelldaten (siehe Listing 75).

[4] Erzeugung des `JList`-Objekts, der `JTextArea` und des Entfernen-Buttons.

[5] Belegung der Liste mit den Büchern, des Katalogs. Da zu Beginn kein Buch selektiert wird, wird `auswahl` auf **`null`** gesetzt.

[6] Einfügen aller Elemente in den Standardcontainer. Zusätzlich wird ein Label „Bücher verwalten" eingefügt – dies ist nur ein Text ohne weitere Interaktion und kann deshalb lokal definiert werden.

Der zweite Teil des Listings (Listing 78) definiert nun die Interaktion der Elemente.

```
import ...

public class Oberflaeche extends JFrame {
    ...
    private Katalog katalog;
    private Buch auswahl;                                          ①

    private JList<Buch> liste;
    private JTextArea text;
    private JButton entfernen;
    ...
    private void widgetInteraction() {                             ②
        liste.addListSelectionListener(new ListSelectionListener() {
            public void valueChanged(ListSelectionEvent e) {
                if(e.getValueIsAdjusting())                        ③
                  return;
                auswahl = liste.getSelectedValue();                ④
                if(auswahl == null)
                  text.setText("");                                ⑤
                else
                  text.setText(auswahl.getReferenz());
            }
        });
                                                                   ⑥
        entfernen.addActionListener(new ActionListener() {
            public void actionPerformed(ActionEvent e) {
                if(auswahl != null){
                  katalog.entfernen(auswahl);                      ⑦
                  liste.setListData(katalog.getBuecher());
                }
            }
        });
    }
    ...
}
```
Listing 78: Definition der Interaktion

[1] Definition der Variablen (wie zuvor).

[2] Definition und Zuordnung des `ListSelectionListener` für die Liste in Form einer anonymen Klasse.

[3] Mit der Methode `getValueIsAdjusting()` muss zunächst geprüft werden, ob die Auswahl abgeschlossen ist. Falls die Selektion noch nicht abgeschlossen ist, soll die Aktion abgebrochen werden.

[4] Ist die Auswahl abgeschlossen, kann mit `getSelectedValue()` das selektierte Objekt ermittelt werden. Falls nichts selektiert ist, liefert die Methode **`null`**. Das selektierte Objekt wird in der Variablen `auswahl` gespeichert.

[5] Abhängig davon, ob nichts selektiert ist, wird das Textfeld geleert oder mit der Referenz des selektierten Objekts befüllt.

[6] Definition und Zuordnung des `ActionListener` für den Button.

[7] Falls ein Element ausgewählt worden war, wird es aus dem Katalog entfernt. Die Liste wird mit dem jetzt reduzierten Buchbestand neu gefüllt. Dies löst ein neues Listenereignis aus, das wiederum den `ListSelectionListener` mit dem zuvor beschriebenen Verhalten anstößt.

Der Start des Programms liefert das folgende Fenster (Abbildung 20). Die Details zu einem selektierten Buch werden nun dargestellt, ein selektiertes Buch kann gelöscht werden.

Abb. 20: Ein Fenster mit einer Liste

14.5 Layout-Manager

Während die Interaktion nun so wie zu Beginn spezifiziert ist, ist das Layout der Komponenten noch nicht zufriedenstellend. Das bisherige Layout erlaubte, Elemente mit `add(...)` von links nach rechts und oben nach unten zu platzieren. Die Elemente verschieben sich mit dem Ändern der Fenstergröße – das Fenster versucht, alle Elemente immer im verfügbaren Platz in der angelegten Reihenfolge unterzubringen. Sog. Layout-Manager erlauben, dieses Verhalten zu ändern und zu kontrollieren. Java besitzt mehrere Layout-Manager. Wir werden die folgenden (wichtigsten) betrachten:

- *FlowLayout*: Standardverhalten der Komponenten, wie zuvor beschrieben.
- *BorderLayout*: Einteilung in einen Hauptbereich in der Mitte und vier Hilfsbereiche an den Rändern. Die enthaltenden Komponenten werden proportional gestreckt.
- *GridLayout*: Einteilung in ein frei bestimmbares Raster. Alle Widgets werden gleichmäßig verteilt.

Die Komponenten werden üblicherweise mit Hilfe von JPanels (mit unterschiedlichen Layouts) ineinander geschachtelt. Abbildung 21 zeigt ein solches typisches Layout.

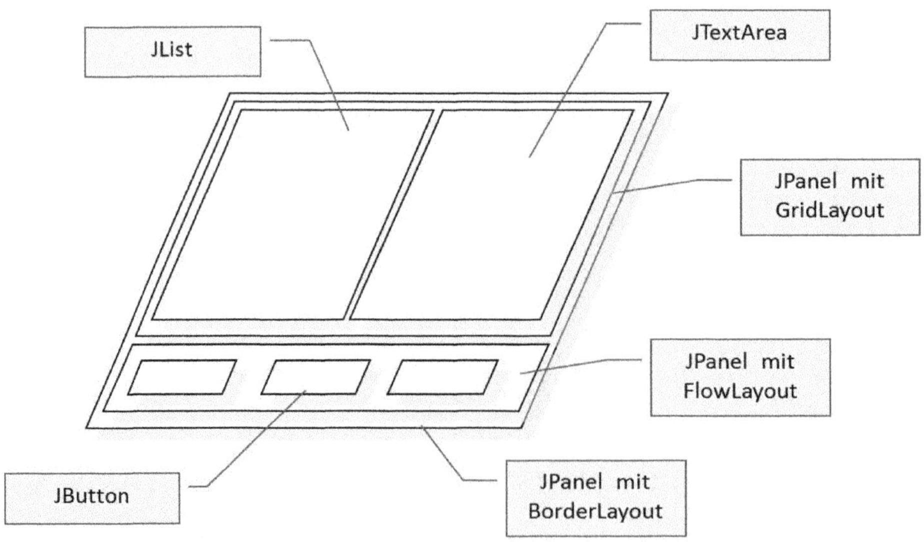

Abb. 21: Eine Oberfläche mit unterschiedlichen Layouts

Das *BorderLayout* teilt das Fenster in fünf Bereiche ein, die einzeln angesprochen werden können (Abbildung 22). Die Mitte („CENTER") enthält üblicherweise die wesentlichen Darstellungselemente, die Randbereiche unterstützende Elemente. Unten („SOUTH") werden oft Schaltflächen oder andere Steuerelemente angebracht.

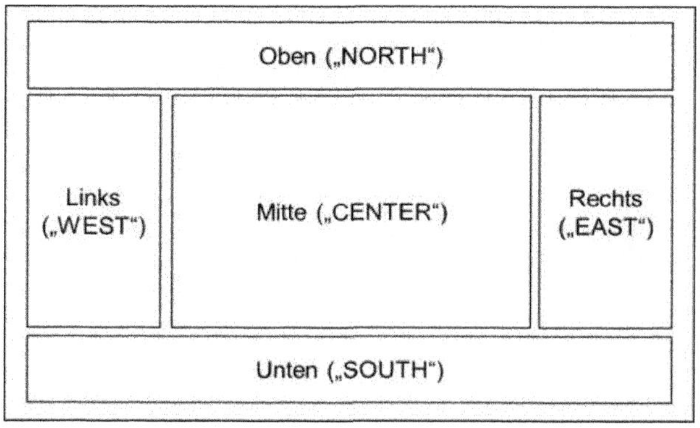

Abb. 22: Bereiche des `BorderLayout`

Das `BorderLayout` wird für eine Komponente (meist ein `JPanel`) folgendermaßen gesetzt:

```
JPanel p = new JPanel();
p.addLayoutManager(new BorderLayout());
```

oder direkt

```
JPanel p = new JPanel(new BorderLayout());
```

Widgets können dann folgendermaßen platziert werden:

```
p.add(widget1, BorderLayout.CENTER);
p.add(widget2, BorderLayout.SOUTH);
```

Das *GridLayout* teilt das Fenster in gleich große Zeilen und Spalten – `add` befüllt die Element von links nach rechts und oben nach unten. Abbildung 23 zeigt ein `GridLayout` mit drei Zeilen und zwei Spalten.

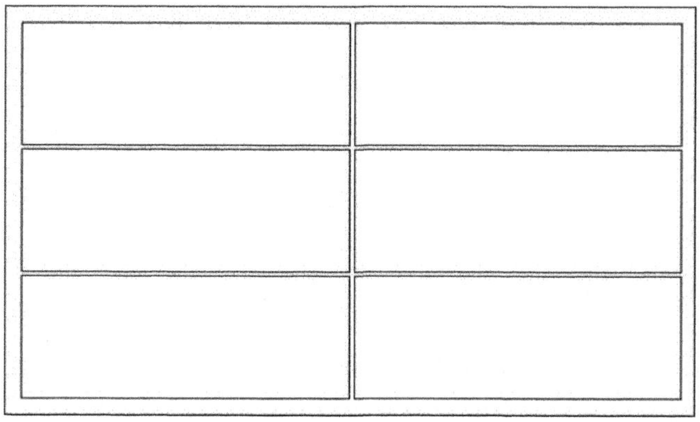

Abb. 23: Ein 3 x 2-`GridLayout`

Das `GridLayout` wird für eine Komponente (meist ein `JPanel`) folgendermaßen gesetzt:

```
JPanel p = new JPanel();
p.addLayoutManager(new GridLayout(3, 2));
```

oder direkt

```
JPanel p = new JPanel(new GridLayout(3, 2));
```

Widgets können dann folgendermaßen platziert werden:

```
p.add(widget1);
p.add(widget2);
```

Dabei werden die Zellen von links nach rechts und oben nach unten befüllt. Falls nicht genügend Zellen vorhanden sind, werden sie ergänzt. Alle Komponenten werden dabei auf die gleiche Größe skaliert.

Mit diesen Layout-Managern lässt sich die Anwendung nun folgendermaßen verbessern (Listing 79).

```
...
public class Oberflaeche extends JFrame {
...
    private JPanel widgetLayout() {
        JPanel panel = new JPanel(new BorderLayout());           1

        JPanel inhalt = new JPanel(new GridLayout(1, 2));       2
        inhalt.add(liste);
        inhalt.add(text);                                        3

        panel.add(inhalt, BorderLayout.CENTER);                  4

        JPanel steuerung = new JPanel();                         5
        steuerung.add(new JLabel("Bücher verwalten"));
        steuerung.add(entfernen);                                6

        panel.add(steuerung, BorderLayout.SOUTH);                6
        return panel;
    }
...
}
```

Listing 79: Angepasstes Layout

Listing 79 zeigt die modifizierte Methode `widgetLayout()` mit den folgenden Elementen (die übrigen Teile bleiben gegenüber der vorigen Fassung unverändert):

[1] Festlegung eines `BorderLayout` für das Gesamt-Panel.

[2] Definition eines Hilfs-Panels `inhalt` mit `GridLayout` – eine Zeile, zwei Spalten.

[3] Eintrag der Liste als erstes (und damit links) und Eintrag des Textfelds als zweites (und damit rechts); die beiden Elemente werden auf die gleiche Größe skaliert.

[4] Eintrag des Hilfs-Panels in die Mitte des Gesamt-Panels.

[5] Definition eines weiteren Hilfs-Panels `steuerung`. Falls kein Layout-Manager angegeben wird, wird es standardmäßig mit `FlowLayout` versehen.

[6] Eintrag eines Labels und einer Schaltfläche auf `steuerung`-Panel.

[7] Eintrag des `steuerung`-Hilfs-Panels am unteren Rand der Gesamt-Panels.

Dieses Layout führt nun zu folgender Benutzeroberfläche (Abbildung 24):

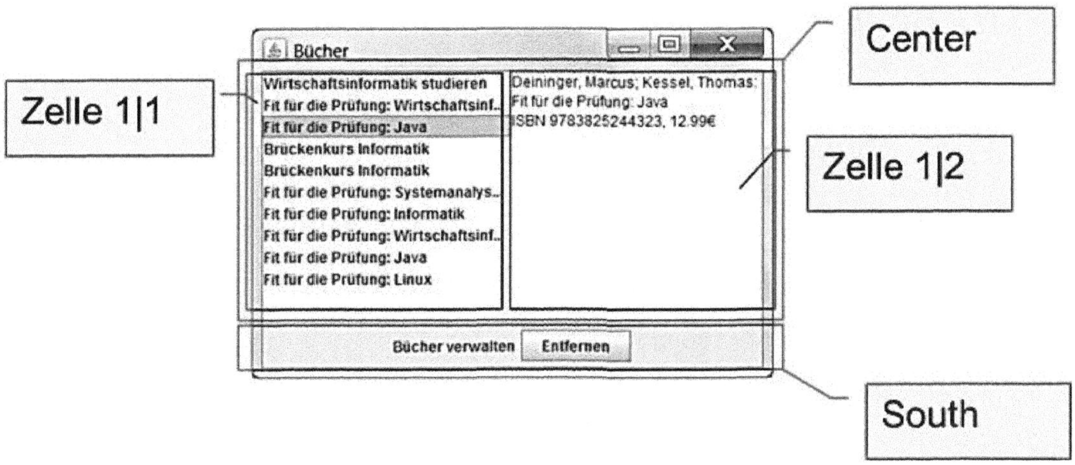

Abb. 24: Benutzeroberfläche mit neuem Layout

14.6 Strukturierung der Oberfläche

Bisher stehen die Elemente noch ohne Abgrenzung nebeneinander. Zur besseren Übersichtlichkeit lassen sich Elemente mit zusätzlichen Scrollbars und Rahmen versehen.

Um Listen oder Text scrollen zu können, werden sie in eine `JScrollPane` eingebettet. Die `JScrollPane` ist wiederum eine Komponente, so dass sie direkt in die bestehenden Layouts eingesetzt werden kann. Sie wird folgendermaßen genutzt:

- ```
  JScrollPane sp = new JScrollPane(komponente);
  andereKomponente.add(sp);
  ```
- Eine `komponente` wird von einer Scrollpane „eingepackt“ und in dieser Form einer anderen Komponente zugeordnet. Die `Jscroll Pane` fügt bei Bedarf (wenn ein Element nicht vollständig gezeigt werden kann) eine vertikale oder horizontale Scrollbar ein.
  ```

Elemente werden mit einem Rahmen versehen indem ein `Border`-Objekt hinzugefügt wird. Das folgende Beispiel zeigt, wie eine `komponente` mit einem schwarzen Rahmen mit einem Titel links oben versehen werden kann:

```
Border line = BorderFactory.createLineBorder(Color.BLACK);
TitledBorder border = BorderFactory.createTitledBorder(line,
"Titel");
border.setTitleJustification(TitledBorder.LEFT);
komponente.setBorder(border);
```

```
...
public class Oberflaeche extends JFrame {
...
    private JPanel widgetLayout() {
        JPanel panel = new JPanel(new BorderLayout());

        JPanel inhalt = new JPanel(new GridLayout(1, 2));

        inhalt.add(new JScrollPane(liste));                                  1

        Border line = BorderFactory.createLineBorder(Color.BLACK);
        TitledBorder border =
                BorderFactory.createTitledBorder(line, "Referenz");
        border.setTitleJustification(TitledBorder.LEFT);
        text.setBorder(border);                                              2
        inhalt.add(text);

        panel.add(inhalt, BorderLayout.CENTER);

        JPanel steuerung = new JPanel();
        steuerung.add(new JLabel("Bücher verwalten"));
        steuerung.add(entfernen);

        panel.add(steuerung, BorderLayout.SOUTH);
        return panel;
    }
...
}
```

Listing 80: Einfügen einer Scrollbar und eines Rahmens

[1] Die Liste wird zusätzlich in eine `JScrollPane` eingebettet und mit ScrollBars versehen.

[2] Um das Textfeld wird ein Rahmen mit dem Titel „Referenz" gezeichnet.

Mit diesen Änderungen ist das Beispiel vollständig umgesetzt. Das Fenster erscheint nun folgendermaßen (Abbildung 25):

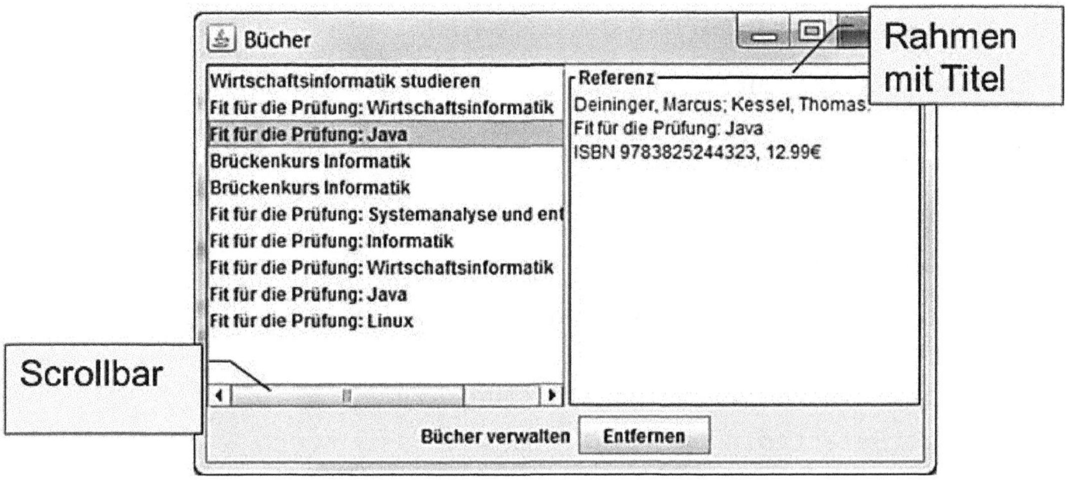

Abb. 25: Fertige Oberfläche mit Scrollbar, Rahmen und Titel

14.7 Weitere Widgets

Nachdem in den vorigen Abschnitten das vollständige Beispiel entwickelt wurde, werden in diesem Abschnitt noch weitere Widgets vorgestellt, die für grafische Benutzeroberflächen oft benötigt werden: die *Combo-Box* (`JComboBox`), Kontrollfeld (`JCheckBox`) und Optionsfeld (`JRadioButton`):

- Die Combo-Box ist eine Kombination aus Liste und Schaltfläche: eine Auswahl aus der Liste entspricht einem Schaltflächendruck.
- Das Kontrollfeld simuliert das Ankreuzen auf einem Formular.
- Das Optionsfeld simuliert das Umschalten an einem Gerät.

Abbildung 26 zeigt eine Oberfläche mit den drei Elementen.

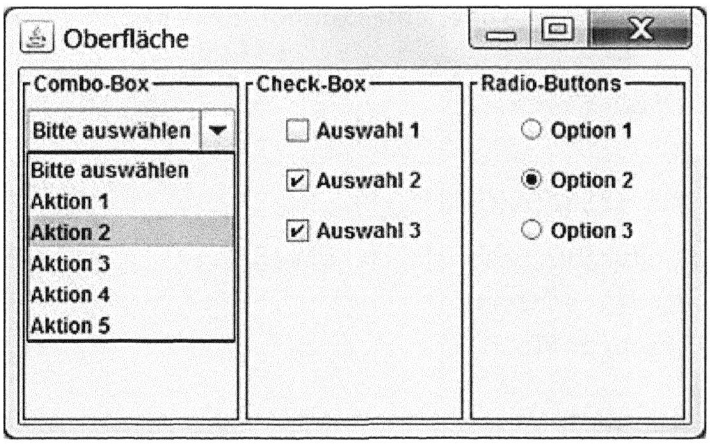

Abb. 26: Oberfläche mit Combo-Box, Check-Boxen und Radio-Buttons.

Verwendung der Combo-Box

- Erzeugung (analog zur JList):
  - jcb = new JComboBox<*Type*>() oder
  - jcb = new JComboBox<*Type*>(*Type*[])
- Elemente zur Liste hinzufügen:
  - jcb.addItem(*Type*)
- Auswahl abfragen (oft wird eine mögliche leere Auswahl als spezielles Element am Anfang eingetragen):
  - jcb.getSelectedItem():Object[31] (nicht *Type*)
  - jcb.getSelectedIndex():int (Position des Elements)
- Der zugehörige Listener ist der ActionListener (siehe JButton), der ausgelöst wird, wenn ein Element selektiert wird.

Verwendung des Kontrollfelds

- Erzeugung
  - cb = new JCheckBox("Titel")
- Methoden zur Statusabfrage
  - cb.isSelected(): boolean liefert true, falls das Kontrollfeld ausgewählt ist.
  - cb.setSelected(boolean) setzt oder löscht die Auswahl des Kontrollfelds.
- Listener ist der ItemListener, der ausgelöst wird, wenn das Kontrollfeld selektiert oder deselktiert wird.
- Hinweis: normalerweise sollte ein „Check" keine Aktion auslösen. Der Anwender soll lediglich einen Zustand setzen. Wenn eine Aktion geschehen soll, sollte eine Schaltfläche oder eine Combo-Box verwendet werden.

Verwendung des Optionsfelds

- Erzeugung
  - cb = new JRadioButton("Titel")
- Methoden zur Statusabfrage (analog JCheckBox)
  - cb.isSelected():boolean
  - cb.setSelected(boolean)

---

[31] Im Gegensatz zur JList können (trotz Typparameter) auch andere beliebige Objekte vorkommen, das Ergebnis muss deshalb (mit Risiko) gecastet werden!

- Listener ist der `ChangeListener`, der ausgelöst wird, wenn eine Option geändert wird.
- Optionsfelder sollen immer nur eine Option erlauben. Um dies umzusetzen, muss ein `ButtonGroup`-Objekt erzeugt werden. Diesem Objekt werden alle zusammengehörigen Optionsfelder mit der Methode `add(RadioButton)` zugeordnet.

14.8 Fragen

Die Lösungen befinden sich am Ende des Buchs.

Wofür steht MVC?

- ☐ Main View Changing
- ☐ Mandatory Value Chain
- ☐ Model View Controller
- ☐ Make Voice Control

Was ist das zentrale Prinzip von MVC?

- ☐ Verschmelzung von Daten und Darstellung
- ☐ Trennung von Daten und Darstellung
- ☐ Trennung von Interaktion und Darstellung
- ☐ Verschmelzung von Daten, Darstellung und Interaktion

Welches ist das Standard-Layout ist für ein Panel?

- ☐ FlowLayout
- ☐ BorderLayout
- ☐ GridLayout

Wie ordnet das FlowLayout Elemente an?

- ☐ von rechts nach links und oben nach unten
- ☐ von links nach rechts und oben nach unten
- ☐ von rechts nach links und unten nach oben
- ☐ von links nach rechts und unten nach oben

Lösungen

Lösungen Kapitel 1: Einführung in Java

Was ist das Java SDK?

- ☐ Java-Klassenbibliothek
- ■ Software zur Entwicklung von Java-Programmen
- ☐ Grafische Entwicklungsumgebung

Was ist die JRE und was ist ihre Aufgabe?

- ☐ Java Compiler
- ☐ Java Interpreter
- ■ Laufzeitumgebung, die Java-Anwendungen ausführt
- ■ führt Java-Bytecode aus
- ☐ erzeugt Java-Bytecode

Was ist die JSE?

- ■ Java Standard Edition
- ☐ Java Super Edition
- ■ Java-Version für einen einzelnen Rechner
- ☐ Java-Version für verteilte Systeme im Unternehmen

Was sind typische Java-Konventionen?

- ☐ Variablennamen beginnen mit Zahlen
- ■ Klassen beginnen mit Großbuchstaben
- ■ Variablennamen beginnen mit Kleinbuchstaben
- ☐ Bezeichner müssen immer sinnvoll und lang sein

Was ist der Java-Bytecode?

- ☐ Java-Quelltext
- ■ Zwischencode, der aus dem Quelltext übersetzt wurde
- ☐ nativer Code, der in die Zielsprache übersetzt wurde

Was sind Besonderheiten von Java?

- ☐ Komplexität
- ■ Plattformunabhängigkeit
- ■ Netzwerkfähigkeit
- ■ Objektorientierung

Wie muss die Datei zur entsprechenden Java-Klasse heißen?

- ■ Dateiname = Klassenname.java
- ☐ keine Einschränkungen, muss aber nur mit .java enden

Lösungen Kapitel 2: Variablen, Datentypen, Operatoren

Was wird durch den Datentyp festgelegt?

- ☐ Daten und der Typ
- ■ Operationen
- ■ Datenart und der Wertebereich
- ☐ Datenart
- ☐ Wertebereich

Wie wird syntaktisch eine Variable deklariert?

- ☐ `Variablenname Datentyp;`
- ☐ `Datentyp;`
- ☐ `Variablenname;`
- ■ `Datentyp Variablenname;`

Was ist die Initialisierung einer Variablen?

- ■ erstmalige Wertzuweisung
- ☐ eine Wertzuweisung
- ☐ eine Festlegung des Datentyps der Variablen

Worin unterscheidet sich eine Konstante von einer Variablen?

☐ gar nicht

■ der Wert der Konstante ist unveränderlich

☐ eine Konstante ist auf die Datenart Zahlen beschränkt

Was ist die Funktion einer Variable?

☐ Daten zu definieren

■ Behälter für Daten zu sein

■ den Zugriff auf Daten eines Programms zu erlauben

☐ einen Wert unverändert zu lassen

Was ist eine Typvergrößerung?

☐ eine Konvertierung in einen anderen Datentyp

☐ eine Konvertierung in einen kleineren Datentyp

■ eine Konvertierung in einen größeren Datentyp

Was ist Casting?

■ Verfahren zur Typverkleinerung

☐ Verfahren zur Typvergrößerung

Lösungen Kapitel 3: Kontrollstrukturen

Was ist eine leere Anweisung?

☐ Eine leere Anweisung existiert nicht.

■ Semikolon

■ Leerzeichen, abgeschlossen durch ein Semikolon

☐ Eine Variable mit dem Wert 0.

Was ist eine Ausdrucksanweisung?

☐ Variable

☐ Relationale Operatoren

■ Kombination aus Variablen und Operatoren
□ Arithmetische Operatoren

Was sind Kontrollstrukturen?

■ Sprachelemente, die den Programmablauf steuern
□ Schlüsselwörter
■ Sequenz, Iteration, Auswahl, Methoden-Aufruf

Wie ist die Sequenz umgesetzt?

□ durch ein Schlüsselwort
■ durch die Reihenfolge der Anweisungen
■ durch einen Block von Javacode
□ durch Zeilennummer

Welche Konstrukte gibt es für die Auswahl?

□ if-then-else
■ if-else
■ switch-case
□ switch

Welche Schleifenversionen gibt es?

□ die `repeat-until`-Schleife
□ die `for-next`-Schleife
■ die `for`-Schleife
■ die `while`-Schleife
□ die `do-while`-Schleife
□ die `loop`-Schleife

Was ist bei der Mehrfachverzweigung switch-case zu beachten?

■ Die einzelnen Äste sollten mit `break` abgeschlossen werden.
■ `default` ist optional.
■ Der Wert nach `case` muss ganzzahlig, ein Zeichen oder ein String sein.
□ Es müssen immer mindestens 3 Äste vorhanden sein.

Lösungen Kapitel 4: Felder / Arrays

Was ist ein Array?

- ☐ Zusammenstellung von Werten
- ■ Anordnung von Werten desselben Datentyps
- ☐ Menge von Werten unterschiedlicher Datentypen

Was gehört zur Festlegung eines Arrays?

- ☐ der Verwendungszweck
- ■ Deklaration
- ■ Initialisierung
- ☐ die Variablen, die es verwenden

Von welchem Datentyp ist ein Array?

- ■ Referenztyp
- ☐ einfacher Datentyp
- ☐ hybrider Datentyp

Wie kann man sich ein zweidimensionales Array vorstellen?

- ☐ als Liste
- ☐ als Menge
- ■ als Tabelle
- ■ als Matrix

Was ist ein Index?

- ■ eindeutige Position für den Zugriff auf einen Wert
- ☐ mehrdeutige Position für den Zugriff
- ☐ der Wert, auf den zugegriffen wird
- ☐ bezeichnet sowohl die Position als auch den Wert

Wie kann ein Array initialisiert werden?

- ☐ durch die Deklaration der Variablen
- ☐ durch den Datentyp der Variablen

- ■ durch explizite Auflistung der Werte
- ■ durch die Festlegung der Größe des Arrays

Kann die Größe und Dimension des Arrays zur Laufzeit geändert werden?

- ■ nein
- □ ja

Lösungen Kapitel 5: Methoden

Was fassen Methoden zusammen?

- □ Parameter
- ■ Anweisungen
- □ Variablen

Was gehört zur Signatur einer Methode?

- □ Modifier
- □ Rückgabetyp
- ■ Methodenname
- ■ Parametertypen
- □ Parameternamen
- □ Body

Welches sind Zugriffsmodifier?

- ■ `private`
- □ `static`
- ■ `public`
- □ `final`

Welches sind Nicht-Zugriffsmodifier?

- □ `public`
- ■ `final`
- ■ `abstract`
- □ `protected`

Was zeichnet eine rekursive Methode aus?

- ☐ eine Schleife
- ☐ eine Verzweigung
- ■ ein Methodenaufruf an sich selbst
- ☐ eine return-Anweisung

Was ist ein formaler Parameter?

- ■ symbolischer Name, der zur Deklaration der Methode genutzt wird
- ☐ der tatsächliche Wert, der während der Ausführung genutzt wird.

Lösungen Kapitel 6: Sichtbarkeit / Gültigkeit

Was fassen Pakete zusammen?

- ■ Klassen
- ☐ Methoden
- ■ Interfaces
- ☐ weitere Pakete

Wie lautet das Schlüsselwort zur Paketdefinition?

- ☐ `private`
- ☐ `protected`
- ■ `package`
- ☐ `parcel`

Das Geheimnisprinzip …

- ☐ verbirgt alle Informationen
- ☐ verbirgt alle relevanten Informationen
- ■ verbirgt alle nicht-relevanten Informationen
- ☐ verbirgt unwichtige Informationen

Welcher Zugriffsmodifier schränkt die Gültigkeit am stärksten ein?

- ☐ `public`
- ☐ `protected`

- ☐ kein Zugriffsmodifier („`default`")
- ■ `private`

Welcher Zugriffsmodifier schränkt die Gültigkeit auf Pakete ein?

- ☐ `public`
- ☐ `protected`
- ■ kein Zugriffsmodifier („`default`")
- ☐ `private`

Elemente aus andern Klassen können verwendet werden ...

- ■ durch Qualifikation
- ☐ durch Aufruf
- ■ durch Import
- ☐ durch Nennung

Welche Aussage ist richtig?

- ■ Sichtbare Elemente sind immer gültig.
- ☐ Gültige Elemente sind immer sichtbar.

Lösungen Kapitel 7: Objektorientierte Konzepte

Was ist die Aufgabe von Klassen im Rahmen der objektorientierten Programmierung?

- ☐ Bauplan für Pakete
- ☐ Bauplan für Interfaces
- ■ Bauplan für Objekte
- ☐ Bauplan für weitere Klassen

Klassen ...

- ■ erben von Interfaces.
- ☐ erben von anderen Klassen.
- ☐ implementieren Klassen.
- ■ implementieren Interfaces.

Oberklassen sollten ...

■ immer allgemeiner als ihre Unterklassen sein.

☐ immer spezieller als ihre Unterklassen sein.

Was zeigen Getter/Setter an?

■ ein Container-Objekt ohne Fachlichkeit

☐ einfache Zugriffe

☐ das Geheimnisprinzip

Was zeichnet Polymorphismus aus?

☐ beliebige Zuweisungen an eine Variable

☐ Zuweisung von Objekten des Variablentyps

■ Zuweisung von Objekten des Variablentyps und deren Unterklassen

☐ Zuweisung von Objekten des Variablentyps und deren Oberklassen

Ein Konstruktor ...

☐ ist eine besondere Klassenmethode.

■ ist eine besondere Instanzmethode.

■ initialisiert ein neues Objekt.

☐ erzeugt ein neues Objekt.

Eine Klassenmethode ...

☐ ist nur durch die Klasse ausführbar.

■ ist durch die Exemplare einer Klasse ausführbar.

☐ ist nur durch die Exemplare einer Klasse ausführbar.

■ ist durch die Klasse ausführbar.

Lösungen Kapitel 8: Ausnahmen / Exceptions

Was ist ein Error?

☐ eine Störung des Programmablaufs
■ ein schwerer, nicht zu behandelnder Fehler
☐ ein zu lösender Fehler

Welches sind die zwei Ansätze der Fehlerverarbeitung?

■ `try-and-catch`
■ `throws`
☐ `catch`
☐ `finally`
☐ `try-and-capture`

Wie sollten die Fehlerbehandlungsregeln angeordnet sein?

☐ keine spezielle Ordnung
☐ vom Allgemeinen zum Speziellen
■ vom Speziellen zum Allgemeinen
☐ vom Komplexen zum Einfachen

Was ist das Besondere an RuntimeExceptions?

☐ Sie müssen aufgefangen und behandelt werden.
☐ Sie müssen weitergeleitet werden.
■ Sie können (müssen aber nicht) behandelt werden.
☐ Sie sind harmlose Exceptions ohne Auswirkungen.

Welche Methoden bietet ein Exception-Objekt an?

☐ Fehlernummer
■ Fehlerursache
■ Fehlermeldung
☐ Fehlerlog

Können Exceptions prinzipiell vermieden werden?

- ☐ Ja, wenn man vorsichtig und defensiv programmiert.
- ☐ Ja, indem alle möglichen Fälle abgedeckt sind.
- ■ Nein, wegen falschen Eingabe-/Ausgabewerten.
- ■ Nein, wegen Netzwerkstörungen.
- ■ Nein, wegen Problemen des Dateisystems.

Was ist eine gute Strategie zur Fehlerbehandlung?

- ■ Auftretende Fehler möglichst lokal verarbeiten.
- ☐ Fehler prinzipiell immer weiterleiten, solange bis es nicht mehr geht.

Lösungen Kapitel 9: Zeichenketten / Strings

Welche Klasse hat eine unveränderliche Zeichenkette?

- ☐ `string`
- ■ `String`
- ☐ `StringBuilder`
- ☐ `StringBuffer`

Welche Methode greift auf ein einzelnes Zeichen zu?

- ☐ `char`
- ☐ `getChar`
- ■ `charAt`
- ☐ `getCharAt`

Was ist das Problem von == bei Zeichenketten?

- ■ Prüfung auf Identität der Referenzen (Objekte)
- ☐ Prüfung auf inhaltliche Gleichheit
- ☐ nur anwendbar bei Zahlen
- ☐ liefert einen Booleschen Rückgabewert

Auf was ist beim Zugriff mit `substring` zu achten?

- ☐ es wird eine Zeichenkette zurückgegeben
- ■ die Zählung beginnt mit 0

- ■ bei zwei Parametern, *beginn* und *ende*, werden nur die Zeichen von *beginn* bis zu *ende*-1 ausgegeben
- ■ bei nur einem Parameter, *beginn*, werden die Zeichen von *beginn* bis zum Ende der Zeichenkette ausgegeben

Was ist die Besonderheit der compareTo-Methode?

- ☐ es gibt keine
- ■ lexikalischer Vergleich
- ■ drei mögliche Rückgabewerte
- ☐ Boolescher Rückgabewert

Wie wird ein einfacher Datentyp in eine Zeichenkette umgewandelt?

- ☐ mit der *parse*-Methode und der Wrapper-Klasse
- ☐ mittels Zuweisung
- ■ mit der *valueOf*-Methode
- ☐ mit der *value*-Methode
- ☐ mittels Casting

Was sind die zwei wesentlichen Funktionen der Klasse StringBuilder?

- ■ Löschung von Zeichen
- ■ Einfügung von Zeichen
- ☐ Suche innerhalb der Zeichenkette
- ☐ Umwandlung der Zeichenkette in einfache Datentype

Lösungen Kapitel 10: Lineare Datenstrukturen

Was sind die Vorteile der Java-Klassen, die die Datenstruktur Liste implementieren, im Vergleich zu Arrays?

- ■ Flexibilität bezüglich der Länge der Liste zur Laufzeit
- ☐ Flexibilität bezüglich der Datentypen
- ■ Performantes Löschen der Elemente an beliebiger Stelle
- ■ Angebot zusätzlicher Methoden

Welches sind die Java-Klassen, die die Datenstruktur Liste umsetzen?

- ☐ `List`
- ☐ `Collection`
- ■ `ArrayList`
- ■ `LinkedList`
- ☐ `LinkList`

An welchen Positionen erfolgt der Zugriff bei der Schlange?

- ☐ überall
- ☐ in der Mitte
- ■ am Anfang
- ■ am Ende

Welche Java-Klasse implementiert die Datenstruktur Schlange?

- ☐ `Queue`
- ☐ `DoubleQueue`
- ■ `LinkedList`
- ☐ `ArrayList`

Warum dreht sich die Reihenfolge beim Stack um?

- ☐ Elemente werden umgekehrt eingegeben
- ■ letztes Element wird zuerst ausgegeben
- ■ erstes Element wird zuletzt ausgegeben

Was ist die Besonderheit der Assoziationsliste?

- ☐ der Zugriff über die Position
- ■ die Schlüssel-Wert-Paare
- ■ der Zugriff über den Schlüssel
- ☐ die lineare Anordnung der Elemente

Was ist der Unterschied zwischen HashMap und TreeMap?

- ☐ der Typ der zu speichernden Elemente
- ☐ HashMap hat eine sortierte, TreeMap eine unsortierte Anordnung der Elemente
- ■ HashMap hat eine unsortierte, TreeMap eine sortierte Anordnung der Elemente

Welche Collection erlaubt einen Zugriff über einen Index?

- ☐ `Map`
- ☐ `Stack`
- ■ `List`
- ☐ `Set`

Lösungen Kapitel 11: Datenströme / Streams

Was ist die Aufgabe eines InputStreams?

- ■ Vorbereitung einer Datei zum Lesen
- ■ Lesen der Daten
- ☐ Konvertierung der Daten beim Lesen
- ☐ Paketierung der Daten beim Lesen

Was ist die Aufgabe eines Readers?

- ■ Vorbereitung einer Datei zum Lesen
- ■ Lesen der Daten
- ■ Konvertierung der Daten beim Lesen
- ☐ Paketierung der Daten beim Lesen

Was ist die Aufgabe eines Buffers?

- ☐ Vorbereitung einer Datei zum Lesen
- ☐ Lesen der Daten
- ☐ Konvertierung der Daten beim Lesen
- ■ Paketierung der Daten beim Lesen

Was kann die Ursache einer IOException beim Schreiben sein?

- ■ Die Datei kann nicht geöffnet werden.
- ☐ Die Datei gibt es schon.
- ■ Die Datei wird während des Schreibens gelöscht.
- ☐ Die Datei hat bereits einen Inhalt.

Was ist die Voraussetzung, dass ein Objekt gespeichert werden kann?

- ■ Die Klasse des Objekts muss `Serializable` implementieren.
- ☐ Das Objekt darf nicht leer sein.
- ■ Alle enthaltenen Objekte müssen `Serializable` implementieren.
- ☐ Das Objekt darf nicht mehrfach vorkommen.

Woran erkennt man das Eingabeende bei Textdateien?

- ☐ Es wird eine `EOFException` geworfen.
- ☐ Es wird eine `NullPointerException` geworfen.
- ■ Die Lesemethode liefert `null`.
- ☐ Die Lesemethode liefert erneut das zuletzt gelesene Objekt

Lösungen Kapitel 12: Datenbanken mit Java

Was sind die Vorteile einer Datenbank?

- ■ Programmiersprachenunabhängigkeit
- ☐ Konvertierung der Daten beim Lesen
- ■ sichere Speicherung der Daten
- ☐ Paketierung der Daten beim Lesen

Was ist die Aufgabe von JDBC?

- ■ Verbindung von Java zur Datenbank
- ■ Aufbereitung der Datenbankergebnisse
- ■ Umsetzung der SQL-Befehle für die Datenbank
- ☐ Formatierung der Datenbank

Was bedeutet das ACID-Prinzip?

- ☐ Action | Creation | Inversion | Direction
- ■ Atomicity | Consistency | Isolation | Durability
- ☐ Advanced | Computing | Information | Database
- ☐ Automatic | Classification | and Interpretation | of Data

Welche Befehle ändern die Datenbank?

■ UPDATE
☐ SELECT
■ DELETE
■ CREATE

Welcher Befehl gehört zur DDL?

☐ UPDATE
■ DROP
☐ DELETE
■ CREATE

Lösungen Kapitel 13: Graphische Benutzeroberflächen mit Swing: Einführung

Welche Eigenschaften hat eine zeichenbasierte Oberfläche?

■ Kommandozeileneingabe
☐ Ereignissteuerung
☐ Reaktion auf Mausklick
■ Fortsetzung bei Enter

Welche Eigenschaften hat ein Graphical User Interface (GUI)?

☐ Kommandozeileneingabe
■ Ereignissteuerung
☐ feste Eingabereihenfolge
■ nur mit objektorientierter Programmierung möglich

Was ist die Aufgabe eines JFrame?

☐ Ausgabe auf Konsole
■ Verwaltung der Widgets
■ Darstellung der Daten
☐ Verbindung zur Datenbank

Was ist die Aufgabe eines JTextField?

- ☐ Textkonvertierung
- ☐ Textspeicherung
- ■ Textein-/-ausgabe
- ☐ Textverarbeitung

Was ist die Aufgabe eines Listeners?

- ☐ Öffnen von Dateien.
- ☐ Initialisierung der Widgets
- ■ Reaktion auf Ereignisse
- ☐ Darstellung der Daten

Lösungen Kapitel 14: Graphische Benutzeroberflächen mit Swing: komplexere Oberflächen

Wofür steht MVC?

- ☐ Main View Changing
- ☐ Mandatory Value Chain
- ■ Model View Controller
- ☐ Make Voice Control

Was ist das zentrale Prinzip von MVC?

- ☐ Verschmelzung von Daten und Darstellung
- ■ Trennung von Daten und Darstellung
- ☐ Trennung von Interaktion und Darstellung
- ☐ Verschmelzung von Daten, Darstellung und Interaktion

Welches ist das Standard-Layout ist für ein Panel?

- ■ FlowLayout
- ☐ BorderLayout
- ☐ GridLayout

Wie ordnet das FlowLayout Elemente an?

☐ von rechts nach links und oben nach unten

■ von links nach rechts und oben nach unten

☐ von rechts nach links und unten nach oben

☐ von links nach rechts und unten nach oben

Stichwortverzeichnis

W

Z